欽定訳聖書の動詞研究

A Study of Verbs in the Authorized Version of the Bible

盛田義彦
Yoshihiko MORITA

あるむ

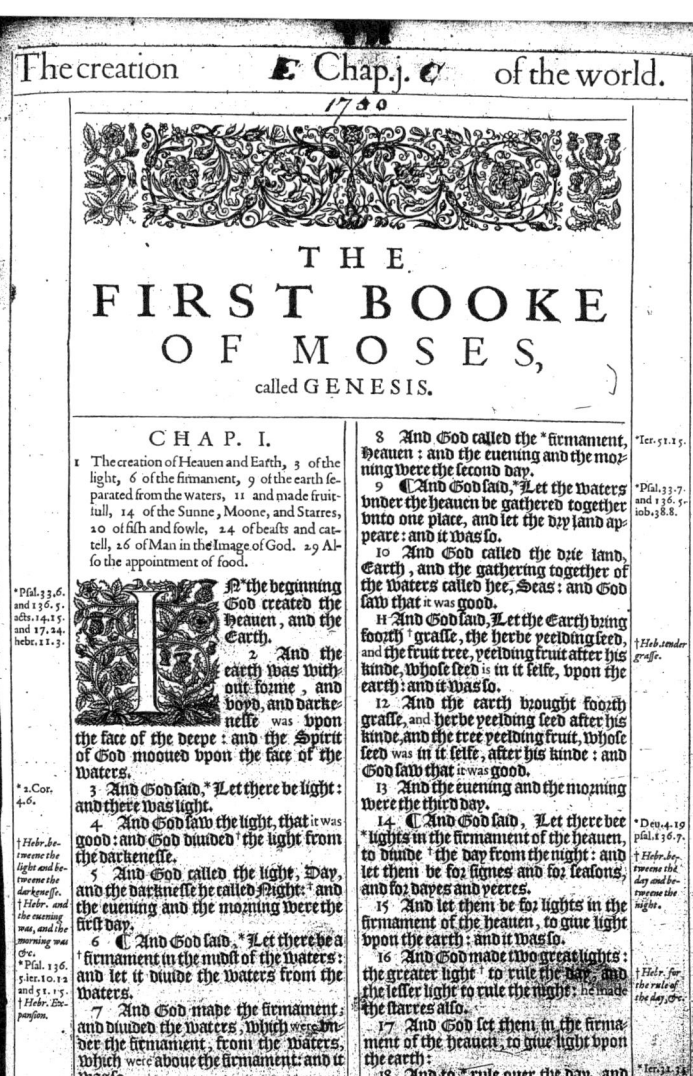

『欽定訳聖書』旧約部分の最初のページ

（シカゴ大学図書館所蔵の『欽定訳聖書』より。上部枠外の TH と枠内上部の E および C は以前の持ち主のイニシアルと思われる。その下にある1750の数字は、どちらかの所有者が入手した年号であろう。）

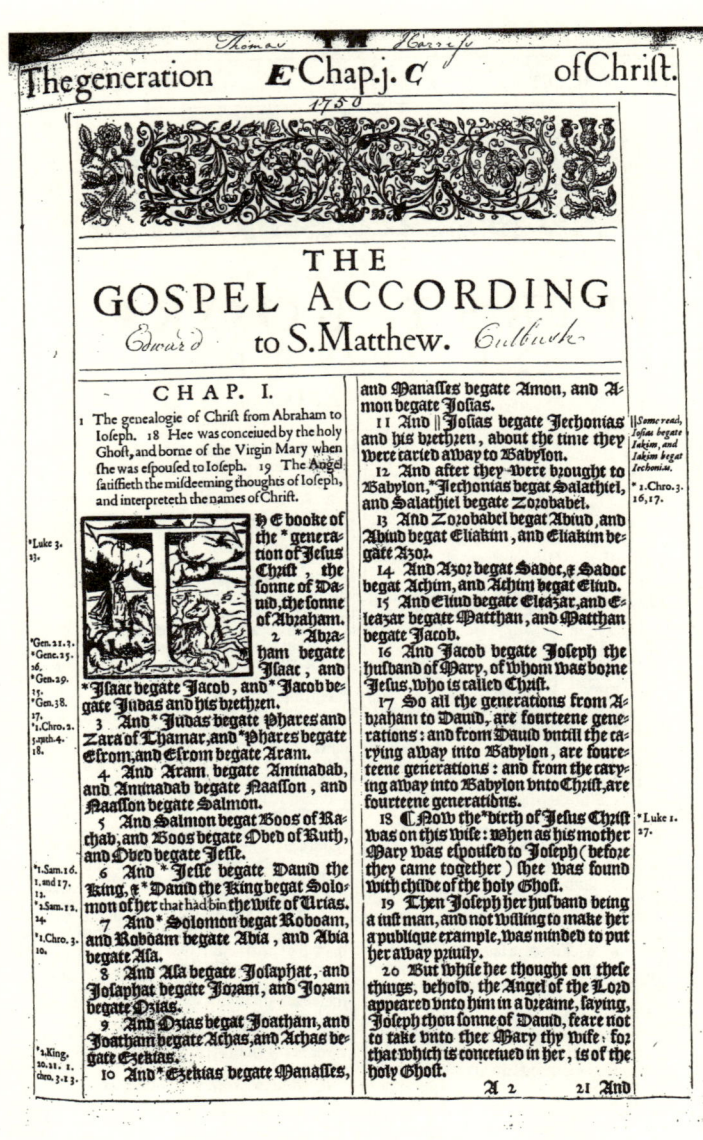

『欽定訳聖書』新約部分の最初のページ

(シカゴ大学図書館所蔵の『欽定訳聖書』より。上部枠外のTHと枠内上部のEおよびCは以前の持ち主のイニシアルと思われる。その下にある1750の数字は、どちらかの所有者が入手した年号であろう。上部枠外にThomas Harris、福音書名の欄にEdward Cutbushと署名が入っている。)

英国王 James I と王のエジンバラからロンドンへの旅程図
（王の肖像は BBC 発行の *The Story of English* より）

はしがき

　西暦1603年3月エリザベス1世が崩御し、後継者としてスットランド王、ジェームス6世が選ばれました。ジェームスは7月にロンドンで戴冠し、ジェームス1世としてイングランドも統治することになりました。

　翌年、1604年1月、ジェームス王はロンドン近郊のハンプトン・コートで宗教会議を開きました。この会議の中で聖書の新訳作成の提案がピューリタン側から提案され、これをジェームス王は受け入れました。その後、新訳作成の準備が王の指示によって行われ、7年後、1611年に The Authorized Version of the Bible『欽定訳聖書』の初版が出版されました。この英訳聖書は綴り字の変更や誤字の修正などを行いながら、今日まで約400年間出版が続いています。これは『欽定訳聖書』が持つ気品のある美しい文章が、英国民だけでなく、世界に広がる英語文化圏の人々に深く愛されてきた証拠であろうと思われます。

　『欽定訳聖書』の英語の研究は、古くは James M. Grainger（1907）や Augusta Björling（1926）、Robert E. Zachrisson（1936）などの単行本があり、日本国内でも市河三喜（1958）、大塚高信（1962）、寺沢芳雄他（1969）等があります。比較的新しいものとしては橋本 功（1995, 1998）の研究書があります。橋本には、それまでの研究には不足しがちであったヘブル語やギリシャ語原典からの情報が取り入れられています。研究論文としては奥 浩昭、岡野昭雄、笠井勝子、川崎 潔、此枝洋子、才野重雄、笹本昭夫、佐藤陽子、清水 護、関永光彦、竹居正太郎、寺澤芳雄、富田英一、橋本 功、古庄 信、山岸光雄、横井雄峯などの方々が大学の紀要や研究誌などに意欲的に書いています。しかしながら、『欽定訳聖書』の英語の研究論文は他の事項を扱った研究論文の数に比べて決して多くはありません。

　本書は『欽定訳聖書』で用いられている多くの動詞のうち、ごく一般的なもの7つ、すなわち、Buy、Eat(e)、Go(e)、Heare、Make、See、Teach につ

いて、その振舞いを中心としていくつかの側面を明らかにしようとするものです。序章および総まとめの第8章以外の各章は、動詞の種類によっては多少の異同はありますが、およそつぎのような構成にしてあります。

　　第1節　用例数
　　第2節　語　形（Conjugation）
　　第3節　統　語（Syntax）
　　第4節　連　語（Collocation）
　　第5節　成　句（Set Phrase）
　　第6節　まとめ

　序章では『欽定訳聖書』の成立過程を扱いました。これは『欽定訳聖書』の英語を研究する場合には、そこで使われる英語がどのような過程を通して書かれ、印刷され、現実のものになったかということを理解しておくことは、その英語の性質を知る上で欠くことの出来ない事柄だと考えるからです。

　本書で扱った7動詞を通して初期近代英語の動詞に関わるさまざまな事柄を言語学・英語学の最前線で研究をしている研究者の方々や大学院で学修・研究している院生、英語学を専攻している学部学生などの方々に観察してもらい、400年ないし500年前の動詞の振舞いがどのようなものであったかを理解していただき、小書をそれぞれの研究の参考資料として役立てていただけるならば著者としては望外の喜びです。

　なお、本書では『欽定訳聖書』の正典部分のみを研究対象とし、外典部分、ならびに欄外の注については対象にしていません。これは他の版との比較を可能にするためであると同時に、資料を集めるために主として用いたJ. Strongのコンコーダンスがそのようにしているためでもあります。

　扱った7動詞については、それぞれ、1995年から2006年までに愛知県立大学外国語学部紀要に掲載された論文をベースにしていますが、今回、1冊の本としてまとめるに当たり、不足していたデータや説明を加えると共に、全面的に書き換えました。この書き換え作業の過程で愛知県立大学大学院国際文化研究科所属の院生、戸松建二さん、外国語学部の「英語学演習」のク

ラスに出席した中村雅之さん、藤森 優さん他の受講生諸君、卒業生の福山清子さんなどの方々から貴重な意見や提案を頂戴しました。ここにお名前を記して感謝を表します。

　本書の出版にあたって、多くの助言をくださった出版元の株式会社あるむ取締役、鈴木忠弘氏、編集部の古田愛子氏、ならびに印刷技術上の工夫をしてくださった方々に御礼申し上げます。

　2006年12月
　　愛知県立大学外国語学部　研究室にて
　　　　　　　　　　　　　　　　　　　　　　　　　　　盛田義彦

聖書箇所等略号一覧

聖書の各書名の略号

略号	英語名	旧約／新約	日本語名
Ac	Acts	新	使徒言行録
Am	Amos	旧	アモス書
1Ch	1 Chronicles	旧	歴代誌上
2Ch	2 Chronicles	旧	歴代誌下
Col	Colossians	新	コロサイの信徒への手紙
1Co	1 Corinthians	新	コリントの信徒への手紙1
2Co	2 Corinthians	新	コリントの信徒への手紙2
Da	Daniel	旧	ダニエル書
De	Deuteronomy	旧	申命記
Ec	Ecclesiastes	旧	伝道の書
Eph	Ephesians	新	エフェソの信徒への手紙
Es	Esther	旧	エステル記
Ex	Exodus	旧	出エジプト記
Eze	Ezekiel	旧	エゼキエル書
Ezr	Ezra	旧	エズラ記
Ga	Galatians	新	ガラテヤの信徒への手紙
Ge	Genesis	旧	創世記
Hab	Habakkuk	旧	ハバクク書
Hag	Haggai	旧	ハガイ書
Heb	Hebrews	新	ヘブライ人への手紙
Ho	Hosea	旧	ホセア書
Isa	Isaiah	旧	イザヤ書
Jas	James	新	ヤコブの手紙
Jer	Jeremiah	旧	エレミヤ書
Job	Job	旧	ヨブ記
Joe	Joel	旧	ヨエル書
Joh	John	新	ヨハネによる福音書
1Jo	1 John	新	ヨハネの手紙1
2Jo	2 John	新	ヨハネの手紙2
3Jo	3 John	新	ヨハネの手紙3
Jon	Jonah	旧	ヨナ書
Jos	Joshua	旧	ヨシュア記

略号	英語名	旧約／新約	日本語名
Ju	Jude	新	ユダの手紙
J'g	Judges	旧	士師記
1Ki	1 Kings	旧	列王記上
2Ki	2 Kings	旧	列王記下
La	Lamentations	旧	哀歌
Le	Leviticus	旧	レビ記
Lu	Luke	新	ルカによる福音書
Mal	Malachi	旧	マラキ書
Mar	Mark	新	マルコによる福音書
Mat	Matthew	新	マタイによる福音書
Mic	Micah	旧	ミカ書
Na	Nahum	旧	ナホム書
Ne	Nehemiah	旧	ネヘミヤ記
Nu	Numbers	旧	民数記
Ob	Obadiah	旧	オバデヤ書
1Pe	1 Peter	新	ペテロの手紙1
2Pe	2 Peter	新	ペテロの手紙2
Ph	Philemon	新	フィレモンへの手紙
Ph'p	Philipians	新	フィリピの信徒への手紙
Pr	Proverbs	旧	箴言
Ps	Psalms	旧	詩篇
Re	Revelation	新	ヨハネの黙示録
Ro	Romans	新	ローマの信徒への手紙
Ru	Ruth	旧	ルツ記
1Sa	1 Samuel	旧	サムエル記上
2Sa	2 Samuel	旧	サムエル記下
So	Song of Solomon	旧	雅歌
1Th	1 Thessalonians	新	テサロニケの信徒への手紙1
2Th	2 Thessalonians	新	テサロニケの信徒への手紙2
1Ti	1 Timothy	新	テモテへの手紙1
2Ti	2 Timothy	新	テモテへの手紙2
Tit	Titus	新	テトスへの手紙
Zec	Zechariah	旧	ゼカリヤ書
Zep	Zephaniah	旧	ゼパニヤ書

本書で扱う聖書各版の略号

略　号	聖　書　名	初版年	日 本 語 名
AV	The Authorized Version of the Bible	1611	欽定訳聖書
BB	The Bishops' Bible	1568	主教訳聖書
CEV	The Contemporary English Version	1995	
GeB	The Geneva Bible	1560	ジュネーブ聖書
GNB	The Good News Bible	1966	
GrB	The Great Bible	1539	大聖書
JB	The Jerusalem Bible	1966	エルサレム聖書
NEB	The New English Bible	1961	
NIV	The New International Version	1973	
NKJ	New King James Version	1986	
REB	The Revised English Bible	1989	
Rh	The Rheims New Testament	1582	リムズ訳新約聖書
RSV	The Revised Standard Version	1946	米国標準改訂訳
RV	The Revised Version	1881	改訂訳
T	Tyndale's New Testament	1525	ティンデル訳
T	Tyndale's Pentateuch	1530	

文法関係用語の略号

略　号	文法用語（英語）	文法用語（日本語）
Adj	adjective	形容詞
Adv	adverbial	副詞・副詞類
Aux	auxiliary verb	助動詞
Com.N	common noun	普通名詞
Inf	infinitive	不定詞
N	noun	名詞
Neg	negative	否定辞
NP	noun phrase	名詞句
O	object	目的語
O_I	indirect object	間接目的語
O_D	direct object	直接目的語
OC	objective complement	目的補語
PP	prepositional phrase	前置詞句
ppl	past participle	過去分詞
Pron	pronoun	代名詞

略号	文法用語（英語）	文法用語（日本語）
Pro.N	proper noun	固有名詞
Rel	relative pronoun	関係代名詞
S	subject word	主語
V	verb	動詞
Wh	interrogative	疑問詞

辞書の略号

略号	辞書類の名称
OED	*The Oxford English Dictionary*

目　次

はしがき ……………………………………………………………… i
聖書箇所等略号一覧 ………………………………………………… v

序章　欽定訳聖書の成立過程 ……………………………………… 1
　　1　「欽定訳聖書」以前 ……………………………………… 1
　　2　「欽定訳聖書」への過程 ………………………………… 2
　　3　ハンプトン・コート宗教会議 …………………………… 4
　　4　新訳作成作業 ……………………………………………… 7
　　　　(1)　訳出チーム　　(2)　訳出にあたって守るべきルール
　　　　(3)　訳文作成作業　(4)　印刷・発行
　　5　欽定訳聖書の英語 ………………………………………… 15

第 1 章　Buy ………………………………………………………… 20
　　1　Buy の用例数 ……………………………………………… 20
　　　　1.1　定形、非定形による分類
　　2　語　形（Conjugation）…………………………………… 21
　　　　2.1　定　形　2.2　非定形
　　3　統　語（Syntax）………………………………………… 22
　　　　3.1　否定文　3.2　疑問文
　　　　3.3　命令文　3.4　自動詞
　　　　3.5　buy＋O_I　3.6　与格動詞
　　　　3.7　仮定法　3.8　条件節中の直説法
　　4　連　語（Collocation）…………………………………… 29
　　　　4.1　動詞連結　　4.2　間接目的語
　　　　4.3　直接目的語
　　5　成　句（Set Phrase）…………………………………… 32
　　　　5.1　buy for NP　　5.2　buy with NP
　　　　5.3　buy without NP　5.4　buy at NP
　　　　5.5　buy of NP　　5.6　buy from Adv

6 まとめ ……………………………………………………… 35

第2章 Eat(e) ……………………………………………………… 39

1 Eat(e) の用例数と綴り字 ……………………………………… 39
   1.1 用例数　　1.2 綴り字
2 語　形（Conjugation）……………………………………… 43
   2.1 定　形　　2.2 非定形
3 統　語（Syntax）…………………………………………… 44
   3.1 否定文　　　　　3.2 疑問文
   3.3 否定疑問文　　　3.4 命令文
   3.5 否定命令文　　　3.6 仮定法
   3.7 希求法　　　　　3.8 迂言的過去時制
   3.9 受動文　　　　　3.10 受動文の動作主
4 連　語（Collocation）……………………………………… 54
   4.1 動詞連結　4.2 目的語
5 成　句（Set Phrase）……………………………………… 56
   5.1 eat(e) of　　5.2 eat(e) on
   5.3 eat(e) one's fill
   5.4 eat(e) the labour of one's handes
   5.5 eat(e) one's own flesh
6 まとめ ……………………………………………………… 60

第3章 Go(e) ……………………………………………………… 64

1 Go(e) の用例数 ……………………………………………… 64
   1.1 用例数
2 語　形（Conjugation）……………………………………… 65
   2.1 定　形　　2.2 非定形
3 統　語（Syntax）…………………………………………… 66
   3.1 否定文　　　　　3.2 疑問文
   3.3 否定疑問文　　　3.4 命令文
   3.5 命令文の主語　　3.6 完了相
   3.7 屈折仮定法　　　3.8 不定詞
4 連　語（Collocation）……………………………………… 74

　　　　4.1　動詞連結　　　　　4.2　go(e)＋bare 不定詞
　　　　4.3　go(e)＋to 付不定詞　4.4　go(e)＋about to 付不定詞
　　　　4.5　goe＋a＋動名詞　　4.6　go(e)＋Ving
　　　　4.7　goe＋過去分詞　　　4.8　go(e)＋Adv
　　　　4.9　Adv＋go(e)　　　　4.10　go(e)＋Adv$_1$＋Adv$_2$
　　5　成　句（Set Phrase） ……………………………………… 81
　　　　5.1　Goe to now　　5.2　goe a warfare
　　6　まとめ ……………………………………………………… 82

第 4 章　Heare ………………………………………………………… 86
　　1　Heare の用例数 ……………………………………………… 86
　　　　1.1　用例数
　　2　語　形（Conjugation）……………………………………… 88
　　　　2.1　定　形　　2.2　非定形
　　3　統　語（Syntax）…………………………………………… 89
　　　　3.1　否定文　　　　3.2　疑問文
　　　　3.3　否定疑問文　　3.4　命令文
　　　　3.5　自動詞　　　　3.6　他動詞
　　　　3.7　do 支持　　　 3.8　仮定法
　　　　3.9　希求法
　　4　連　語（Collocation）…………………………………… 105
　　　　4.1　動詞連結　　4.2　Heare と副詞類
　　5　成　句（Set Phrase） ……………………………………… 109
　　　　5.1　heare say/tell
　　6　まとめ ……………………………………………………… 110

第 5 章　Make ………………………………………………………… 119
　　1　Make の用例数 ……………………………………………… 119
　　　　1.1　用例数
　　2　語　形（Conjugation）……………………………………… 120
　　　　2.1　定　形　　2.2　非定形
　　3　統　語（Syntax）…………………………………………… 121
　　　　3.1　否定文　　3.2　疑問文

3.3　否定疑問文（Aux＋not＋S＋make/made…?）
3.4　命令文
3.5　肯定平叙文中の S と主動詞 make の順序
3.6　肯定平叙文中の「do 支持」　3.7　屈折仮定法
3.8　屈折希求法　3.9　迂言的使役動詞
3.10　不定詞　3.11　現在分詞
3.12　過去分詞　3.13　目的語と目的補語の順序
3.14　目的補語としての節
4　連　語（Collocation）……………………………135
4.1　動詞連結　4.2　made＋to 付不定詞
4.3　make＋Adj　4.4　make＋NP
4.5　make＋PP　4.6　make＋Adv
4.7　Adv＋make
5　成　句（Set Phrase）……………………………140
5.1　make toward
6　まとめ……………………………141

第 6 章　See ……………………………145
1　See の用例数……………………………145
1.1　定形、非定形による分類
2　語　形（Conjugation）……………………………146
2.1　定　形　2.2　非定形
3　統　語（Syntax）……………………………147
3.1　否定文　3.2　疑問文
3.3　否定疑問文　3.4　命令文
3.5　自動詞　3.6　目的補語
3.7　see＋O_D＋O_D　3.8　分詞構文
3.9　屈折仮定法　3.10　受動文の動作主
4　連　語（Collocation）……………………………157
4.1　動詞連結　4.2　S＋see
4.3　see＋O　4.4　see＋Adv
4.5　Adv＋see
5　成　句（Set Phrase）……………………………164

　　　　5.1　see to it/that
　　6　まとめ ……………………………………………………… 165

第 7 章　Teach …………………………………………………… 172
　　1　Teach の用例数 ………………………………………… 172
　　　　1.1　定形、非定形による分類
　　2　語　形（Conjugation）………………………………… 173
　　　　2.1　定　形　　2.2　非定形
　　3　統　語（Syntax）……………………………………… 174
　　　　3.1　否定文　　　　　　　3.2　疑問文
　　　　3.3　否定疑問文　　　　　3.4　命令文
　　　　3.5　受動文の動作主　　　3.6　授与動詞の目的語
　　　　3.7　二項動詞の目的語　　3.8　自動詞
　　　　3.9　Do 支持　　　　　　3.10　屈折仮定法
　　　　3.11　希求法
　　4　連　語（Collocation）………………………………… 188
　　　　4.1　動詞連結　　4.2　Teach と副詞類
　　5　成　句（Set Phrase）………………………………… 192
　　　　5.1　teach somebody in the way
　　　　5.2　teach somebody of one's way
　　　　5.3　teach for hyre
　　6　まとめ ……………………………………………………… 193

第 8 章　総まとめ ………………………………………………… 198
　　1　用例数、直説法の語形および for to 付不定詞 ……… 198
　　2　否定文、疑問文、否定疑問文、命令文の主な類型と
　　　　「do 支持」……………………………………………… 199
　　3　屈折仮定法と希求法 …………………………………… 200
　　4　受動文の動作主 ………………………………………… 201
　　5　目的補語の不定詞形 …………………………………… 201
　　6　二重の直接目的語と後置された間接目的語 ………… 202
　　7　完了形の助動詞 ………………………………………… 202
　　8　成句の起源 ……………………………………………… 202

あとがき ………………………………………………………… 205
参照文献 ………………………………………………………… 207
聖書引用箇所の索引 …………………………………………… 211
索引 ……………………………………………………………… 217

序章
欽定訳聖書の成立過程

1 「欽定訳聖書」以前

　Oxford大学出身の神学博士ウィクリフ（John Wycliffe 1320?–84）がラテン語訳聖書を英語（Middle English）に翻訳し、前期訳（the early version）として完成したのはおよそ1384年と言われています。それから約140年を経て、宗教改革（The Reformation）の時代が来ました。Oxford, Cambridge両大学で学んだティンデル（William Tyndale 1494?–1536）はドイツのマーチン・ルター（Martin Luther）の独語訳聖書から影響を受け、1526年、ドイツのウォルムス（Worms）で英訳聖書、いわゆる「ウォルムス版」を発行しました。この版は新約聖書部分で、その原典であるギリシャ語から英語に翻訳されたものでした。この後、旧約聖書のモーセ五書[1]をヘブル語から訳出し、初版として1530年に出版しました。訳業はその後も続きましたが、1535年、イギリス人のカトリック教徒に裏切られて逮捕され、翌1536年、異端の判決を受けて絞首刑となり、その遺体は異端者の処刑として焼却されました。ティンデルの遺業は同労者のカヴァデル（Miles Coverdale）やマシュー（Thomas Matthew）に引き継がれ、1535年にはカヴァデル訳の初版が、1537年にはマシュー訳が出版されました。カヴァデルは更に、エセックス伯、トマス・クロムウェル（Thomas Cromwell）の命を受けて「大聖書」（The Great Bible）の作成にも責任を持ちました。このクロムウェルは枢密院議員や大臣になり、国王ヘンリー8世（Henry VIII）の代理（Henry's vicar-general）として教会行政をも司った人です。カヴァデルが関わった「大聖書」は1539年に初版が出されましたが、ティンデル訳がベースになっています。

　ヘンリー8世は1547年に没し、エドワード6世（Edward VI）が後継となりました。エドワードは数年後に他界し、その後、ジェーン（Lady Jane Grey）が9日間王位に就きましたが、彼女をカトリック教徒のメアリー1世（Mary I）が排除し、メアリーは1553年に王位に就きました。メアリーの弾圧を逃れたプロテスタント達の中に数十人の聖職者がおり、彼らはスイスのジュネーブに渡り、1560年に英訳聖書を出版しました。これが「ジュネーブ聖書」（The Geneva Bible）と呼ばれるものです。この訳版は手ごろのサイズで文字も読みやすく大変多くの人々に使用されました。これが引き金となり、英国国教会内でもジュネーブ訳に太刀打ちできる英訳聖書が求められ、「大聖書」の改訂がカンタベリー大司教（archbishop）のマシュー・パーカー（Matthew Parker）の提案によって開始されました。その改訂作業は1568年に結実し、「主教訳」（The Bishops' Bible）として出版されました。大主教会議はこの英訳版の普及を進めるために、すべての教会でこの訳を使用するようにと決定しました。

　プロテスタント達や英国国教会が英訳聖書を出版するようになると、ラテン語訳聖書に執着していたカトリック教会の中にも「英訳聖書を発行するべし」と考える集団が現れ、イエズス会修道士（Jesuit）のウィリアム・アレン（William Allen）がリーダーとなってカトリックの英訳聖書、「リームズ・ドゥウェイ聖書」（The Rheims-Douai Bible）をラテン語訳からの英語訳として1582年に新約部分、1610年までに旧約部分を出版しました。

2　「欽定訳聖書」への過程

　女王メアリーは多数のプロテスタントを処刑したことから「流血好きのメアリー（Bloody Mary）」と呼ばれました。カトリック教徒の女王は1558年、5年間の統治の後、42歳で他界し、その後継は異母妹でアン・ブーリ

ン（Anne Boleyn）[2]の子、エリザベス1世（Elizabeth I）でした。エリザベス女王は、父親ヘンリー8世が発布し、異母姉メアリーが廃止した「首長令」（Act of Supremacy）[3]を復活させ、プロテスタンティズムの復活を助け、英国国教会（Anglican Church）の確立に寄与しました。この女王は文学的才能もありましたが、政治・外交面で優れた能力を発揮し、国内を宗教上でも、政治的にも、経済の面でも安定させると同時に、外国との交渉も上手に行ったと言われています。彼女のリードによって得られた安定期に英国は文化面でも経済面でも大きな力を得ることになりました。ドレーク提督（Sir Francis Drake）、ローリー卿（Sir Walter Raleigh）、シェークスピア（William Shakespeare）、スペンサー（Edmund Spenser）、ベーコン（Francis Bacon）、マーロウ（Christopher Marlowe）などの優れた軍人、冒険家、劇作家、詩人、政治家、哲学者などが活躍できたのも女王の統治力のおかげだったと言えるでしょう。

　未婚のエリザベス女王は44年余の長期にわたる統治の後、1603年3月24日、70歳で崩御しました。女王は死の2日前に、後継者としては「王（King）」を選ぶこと、その王はスコットランドのいとこ（our cousin of Scotland）以外にはいないこと、を遺言しました[4]。この指図によってチューダー朝（The Tudors）は終焉を告げることになりました。

　エリザベス女王が指名した「スコットランドのいとこ」というのはスコットランド王ジェームス6世（James VI）のことでした。ジェームスは1566年、女王メアリーを母として生まれましたが、翌年（1567年）、母メアリーが退位したため、幼くして王位を継ぐことになりました。幼年期には優れた人文学者のジョージ・バカナン（George Buchanan）を家庭教師に得たことなどによって、ラテン語、ギリシャ語などに親しみ、長じては神学論争などができるほど学問に興味を持った人でした。

　英国王になることを請われて、それを受け入れ、1603年4月5日、スコットランドのエジンバラ（Edinburgh）を出立し、ロンドン（London）へ向かいました。エジンバラからロンドンまでの旅は以下のようなルートでした。

　　　Edinburgh（4月5日）―― Berwick（4月7日）―― Witherington

（4月8日）──York（4月16日）──Worksop（4月20日）──Stamford（4月23日）──Burleigh（4月27日）──Broxbourne（5月2日）──Theobalds（5月3日）──London（5月7日）

この旅の途中、日付は明確でありませんが、4月末か5月初め、ジェームスはいわゆる「千人請願」(The Millenary Petition) を知りました。この請願は実は1,000人ではなく、約750人からのもので、別名、The humble petition of the thousand ministers と言われることから判るように、プロテスタントの聖職者から出されたものでした。そこには、「教会で罪とされていることのうち、あるものは廃止されるべきこと、あるものは修正されるべきこと、あるものは緩和されるべきこと」(In this petition they ask that of the offences in the Church some might be removed, some amended, some qualified)[5]を4つの部門、すなわち、1．礼拝、2．牧師、3．教会生活、4．教会の規律、に分けて書かれていました。

ロンドン到着後2ヶ月余り後、ジェームスの戴冠式が7月25日にウェストミンスター寺院で行われ、37歳のジェームス1世が誕生しました。

3　ハンプトン・コート宗教会議

ハンプトン・コート（Hampton Court）で行われた宗教会議について、G. B. Harrison による *A Jacobean Journal* の該当箇所を主な資料としてその概要を記します。

1604年1月4日、水曜日、ジェームス6世は9人の主教（Canterbury, London, Durham, Winchester, Worcester, St. David's, Chichester, Carlisle, Peterborough）を召集し、10日後に開催する宗教会議のために事前に打ち合わせを行いました。

1月14日、土曜日、ロンドン郊外のハンプトン・コート（Hampton Court）で午前11時から、「教会の不備」(on things pretended to be amiss in the church) を議題として[6]宗教会議が開催されました。この会議の出席者は上述の主教たちと国王の諮問機関である枢密院のメンバー達でした。これに加

えて、レナルズ博士（Dr. Reynolds）、スパークス博士（Dr. Spartks）、ニュースタッブス（Master Knewstubs）、チャダトン（Master Chaderton）の４人が英国国教会に服従することを潔しとしない人々の立場に立って弁論するために召集されていましたが、最初から会議に出席することは許されず、途中まで別室で待機していました。

　会議の冒頭、ジェームス王は１時間に及ぶ演説を行いました。その要旨は以下のようなものでした。

1. この会議は何ら革新的なことを行うために開くのではないこと。
2. 教会体制による政治は神の祝福を得たものであること。
3. 国内には教会に関する多くの不平、無秩序、法律への不服従、カトリックへの不支持などがあることを承知したこと。
4. この会議によってそうした不平を調査し、もしスキャンダルになるようなものがあればその根拠を除去し、危険なものであればそれを修復し、軽薄なものでしかなければ承知するだけとすること。
5. 祈祷書に関すること、宗教裁判所で出される破門に関すること、アイルランドに有能な教職者を派遣すること。
6. 祈祷書には、堅信礼、赦免、助産婦などによって行われる私的洗礼などに関しては王が関与することになっていること。

　王は演説の途中、ギリシャ神話のケルベロス（Cerberus 三つ頭の犬で地獄の番をする）を引き合いに出し、これ以上吠えさせないようにしたいとの意向を示しました。この発言はこの会議がピューリタンをなだめるために開かれることを明白に表しています。

　この日の会議は上記５や６についての主教たちの意見陳述などが行われて約４時間で終了しています。

　第二日目は１月16日、月曜日に行われました。前回のようにジェームス王が演説を行いました。その中で王は英国国教会に反対する意見を聞く意志があることを表明しました。王の演説の後、レナルズ博士が意見を開陳しました。彼の意見の主なものは以下のようなものでした。

1. 教会の教義は神の言葉に従って純粋に守られるべきこと。

2．善良な牧師が各教会に派遣されるべきこと。
　3．教会行政は神の言葉に従って誠実に行われるべきこと。
　4．祈祷書は一層の敬虔さを増すべく改訂されるべきこと。
　5．堅信の権限を主教にのみ与えるのは不都合であること。
　6．祈祷書中の教理問答書部分は改訂されるべきこと。
　7．聖書の新訳出がなされるべきこと。

　上記の7に対し、ロンドン主教のバンクロフト（Richard Bancroft）は「すべての人の気まぐれに応じていたら、翻訳にはきりがないことになる」[7]と言って反論しました。ジェームス王は「はっきり言って私は首尾良く翻訳された英訳聖書を未だ見たことがない。ジュネーブ聖書は最悪だと思う。私としては統一訳を作成するために特段の努力をしてもらいたいと思っている。この翻訳作業は両大学［著者注：Oxford大学とCambridge大学］の最高の学者達によってなされ、主教達がそれを見直した上で、王の枢密院に提出され、最終的には王室の権威によって裁可されるべきであると考える。しかる後に全教会で読まれることになろう」[8]と述べ、新訳を願い出たレナルズ博士の意見を採択する方針を示しました。バンクロフト主教はこの王の意向をふまえて「欄外の注は付けないこと」を提案しました。かねがねジュネーブ訳の欄外注は不公正で真理を伝えず、扇動的で反逆思想の気味があると思っていたジェームス王はバンクロフトの意見を承認しました。

　聖書の新訳出を扱った後、牧師配置の問題、教職者の集会の件などが論じられ、第二日を終えました。

　第三日は18日、火曜日に、ナイト（knight）達、市民、法律学者達の出席が許可され、宗教裁判（High Commission）について議論が行われました。陳情事項は、破門の修正、英国国教会礼拝出席忌避者の扱い方、アイルランド、ウェールズ及び北方辺境地への聖職者派遣の件、などでした。

　ハンプトン・コート宗教会議の概略は上記のようなことでした。聖書の新訳作成は、第二日の主要な事項でした。ジェームス王は第一日に、革新的なことは何ら行うための会議ではない、との主旨を発言したにもかかわらず、第二日には新訳作成という画期的な事業を裁可しました。

4　新訳作成作業

(1)　訳出チーム

この会議の議事録が5月中旬に発行され、7月には、訳出作業が54名によって行われると発表されましたが、その時点では担当者の名前は発表されず、11月中旬になって担当者の名簿と訳出方針が示されました。

訳出作業は以下に記す3グループで行われることになりましたが、1グループがカンパニー（Company）と呼ばれる2チームから成っていますので、合計で6チームが編成されました。以下に、作業チームと訳出担当箇所、担当者などをPollard及びOpfellの資料を基にして示します。各チームの最初にあげた担当者はそのチームの責任者です。

1) The First Westminster Company（10名）
   担当箇所：創世記〜列王記下
   担当者：Dr. Lancelot Andrewes (Dean [首席司祭] of Westminster)
   　　　　Mr. John Overall (Dean of Paul's)
   　　　　Dr. Hadrian a Saravia (Prebendary [主教座聖堂名誉参事会員] of Westminster)
   　　　　Dr. Richard Clark (Fellow [評議員] of Christ's College, Cambridge)
   　　　　Dr. John Layfield (Fellow of Trinity College, Cambridge)
   　　　　Dr. Robert Tighe (Archdeacon [大執事] of Middlesex)
   　　　　Dr. Francis Burley[9] (Fellow of Chelsea College, London)
   　　　　Mr. Geoffrey King (Fellow of King's College, Cambridge)
   　　　　Mr. Richard Thomson (Fellow of Clare Hall, Cambridge)
   　　　　Mr. William Bedwell (Rector [主任司祭] of St. Ethelburgh's, London)

2) The First Cambridge Company（8名）
   担当箇所：歴代誌上〜雅歌
   担当者：Mr. Edward Lively (Regius Professor [欽定講座担当教授] of

Hebrew at Cambridge)

Dr. John Richardson (Fellow of Emmanuel College)

Mr. Laurence Chaderton (Master [学寮長] of Emmanuel College)

Mr. Francis Dillingham (Fellow of Christ's College)

Mr. Thomas Harrison (Vice-Master of Trinity College, Cambridge)

Mr. Roger Andrewes (Rector of St. Martin's, Ongar, Essex)

Mr. Robert Spalding (Fellow of St. John's College, Cambridge)

Mr. Andrew Byng (Regius Professor of Hebrew at Cambridge)

3) The First Oxford Company (7名)

担当箇所：イザヤ書〜マラキ書

担当者：Dr. John Harding (Regius Professor of Hebrew at Oxford)

Dr. John Reynolds (President of Corpus Christi College, Oxford)

Dr. Thomas Holland (Regius Professor of Divinity)

Dr. Richard Kilbye (Regius Professor of Hebrew)

Mr. Miles Smith (Prebendary of Hereford and Exeter Cathedrals)

Mr. Richard Brett (Fellow of Lincoln College)

Mr. Richard Fairclough (Fellow of New College)

4) The Second Cambridge Company (7名)

担当箇所：外典

担当者：Mr. Andrew Downes (Regius Professor of Greek at Cambridge)

Dr. John Dupport (Master of Jesus College Cambridge)

Dr. William Branthwait (Fellow of Emmanuel College)

Dr. Jeremiah Radcliffe (Fellow of Trinity College, Cambridge)

Mr. Samuel Ward (Fellow of Sidney Sussex)

Mr. John Boys (Fellow of Clare Hall)

Mr. Robert Ward (Prebendary of Chichester)

5) The Second Oxford Company（8名）
   担当箇所：マタイによる福音書〜使徒言行録、黙示録
   担当者：Dr. John Perin (Regius Professor of Greek at Oxford)
   　　　　Mr. Thomas Ravis (Dean of Christ Church College)
   　　　　Mr. George Abbot (Dean of Winchester)
   　　　　Mr. Richard Edes (Dean of Worcester)[10]
   　　　　Mr. Giles Thompson (Fellow of All Soul's College)
   　　　　Sir Henry Savile (Warden [学寮長] of Merton)
   　　　　Dr. Ralph Ravens (Fellow of St. John's College, Oxford)[11]
   　　　　Mr. John Harmer (Regius Professor of Greek)

6) The Second Westminster Company（7名）
   担当箇所：ローマ人への手紙〜ユダの手紙
   担当者：Mr. William Barlow (Dean of Chester)
   　　　　Dr. Ralph Hutchinson (President [学長] of St John's College, Oxford)[12]
   　　　　Dr. John Spencer (Editor [編集人] of *The Laws of Ecclesiastical Polity*)
   　　　　Mr. Roger Fenton (Fellow of Pembroke Hall, Cambridge)
   　　　　Mr. Michael Rabbett (Rector of St. Vedast, London)
   　　　　Mr. Thomas Sanderson (Rector of All Hallows the Great)
   　　　　Mr. William Dakins (Fellow of Trinity College)[13]

　当初は各チーム9人、合計54人が訳出に携わると計画されましたが、実際には上記のように47人のメンバーで作業が開始されました。その肩書きからも判るように、上記のメンバーはこの時代の最高の宗教家・学識者たちでした。ウェストミンスター第1グループのリーダーで事実上、編纂主幹（general editor）を務めたランスロット・アンドリューズ（Lancelot Andrewes）を例にとって、その学識の広さ・深さを見てみましょう。

アンドリューズは1555年にロンドン東部に生まれ、当時、マルカスター (Richard Mulcaster) が校長であった Merchant Tailors' School で教育を受けました。この時期にすでにラテン語を熱心に学習しています。その後、16歳でケンブリッジ大学のペンブローク学寮（Pembroke Hall）に入学しました。ペンブロークでは、後に著名な詩人になるエドモンド・スペンサー (Edmund Spenser) や、やはり後日、有名な哲学者・政治家になったフランシス・ベーコン (Francis Bacon) らと親交を深めました。1580年、25歳でペンブロークのカテキスト（catechist 教理問答担当教師）に任命されました。この時期にアンドリューズは、チャダトン (Laurence Chaderton) やニュースタッブス (John Knewstubs) などの有力な清教徒 (Puritans) たちと交流を持ちました。彼の名前が次第に世に出るようになり、ハンティントン (Huntingdon) 伯爵付チャプレン、ジョン・ウィトギフト (John Whitgift) カンタベリー大司教付チャプレン、女王付チャプレンの職を経て1589年に聖ジャイルズ (St. Giles's) の教区司祭に任ぜられました。この1年前の1588年に博士号を得ています。1590年には聖ジャイルズとの関係を維持したまま、母校ペンブロークの学寮長（master）に就任しました。この職に加えて、1591年にはセント・ポール (St. Paul) 大聖堂とウェストミンスター (Westminster) の聖職禄受給職を併せて務めることになりました。1601年にはエリザベス女王によって、ウェストミンスターの司祭長に任ぜられ、1603年に女王が他界した際には葬儀の説教を担当しました。ジェームス王の戴冠式に於いても、王に王権を象徴する笏を手渡すなどの重要な役を果たしました。1605年にはチチェスター (Chichester) の司教、1609年にはエリー (Ely) の司教、1619年にはウィンチェスター (Winchester) の司教を務めました。

　アンドリューズは外国語の習得に長けた人で、ラテン語、ギリシャ語はもちろん、ヘブライ語、シリア語、カルデア語など、少なくとも15カ国語を操ることが出来たと言われています。このような優れた言語能力に基づいて作られた彼の説教はギリシャ語、ラテン語の引用を効果的に用いた説得力のあるものであったと伝えられています。彼はその優れた語学の才を用いて海外の学者、たとえば、スイス在住の神学者カソーボン (Isaac Casaubon) や

オランダの法学者グロティウス（Hugo Grotius）らとの交流を深めました。

1626年9月25日、アンドリューズはウィンチェスター大司教を最後の職として逝去しました。詩人ミルトン（John Milton）はこの有能な説教者にして神学者の死を悼んで In Obitum Praesulis Wintoniensis（＝On the Death of the Bishop of Winchester）と題した68行のラテン語による悲歌を彼に捧げています。

アンドリューズのような当時の英国宗教界きっての才人をはじめとして、ヘブライ語、ギリシャ語、聖書学、説教学、等々の分野で優れた能力を持った人々が集められて訳出作業を行いました。47人の中には順調な人生を歩んだ人も多く含まれていますが、ケンブリッジ第1チームのリーダー、ライブリー（Edward Lively）などのように貧しい暮らしをしながらも努力を重ねて、欽定講座担当教授になった人なども入っています。

(2) 訳出にあたって守るべきルール

ハンプトン・コート宗教会議の際、聖書の新訳作成について反対意見を述べたバンクロフトではありましたが、ジェームス王が新訳を裁可したことから、考えを変え、彼が中心になって新訳作成上、守るべきルール（Rules to be observed in the translation of the Bible）を15項目にまとめ、1604年11月に示しました。以下にそれらを示します。

1. 教会で朗読される通常の聖書、すなわち、通称「主教訳聖書」（The Bishops' Bible）に従い、原典の真理が守られるのであれば、出来るだけ変更はしないこと。
2. 預言者名や聖書記者名、ならびにテキストの名称については、一般に使用されているものに出来るだけ近くすること。
3. 古くからの教会用語は維持すること。すなわち、Church を Congregation にするなどのことはしないこと。
4. ある語にいろいろな意味がある場合は、初代の教父達（Fathers）の多くが通常用い、その場で使用するのに妥当性があり、かつ、信仰の均整に合うものを使用すること。

5．章の区切りは変更しないこと。どうしても変更の必要がある場合は最小限にすること。
6．欄外の注は付けないこと。ただし、ヘブライ語やギリシャ語を簡潔かつ端的に表せず、何か婉曲な訳をしなければならない場合は説明を加えても良い。
7．聖書のある書の箇所について他の箇所を参照するのに役立つように欄外に場所の引用を付けること。
8．それぞれのチームの各担当者は、同一の章を担当し、各自が個別に翻訳ないし改訳し、それぞれが良いと思ったところで全員が集合して、どのような訳を行ったかを合議し、それぞれの箇所がどのような意味であるかについて合意すること。
9．このようにしてあるチームが一つの書の訳を終えた場合には、その訳を他のチームに回覧し、慎重かつ賢明に審議されるべきこと。国王陛下はこの点を非常に気遣っておられる。
10．もしもあるチームが送られてきた書を検討して、疑義が出たり、意見を異にする場合は、その問題点を書き留めて担当のチームに送ること。その箇所とその理由を記すこと。その点で合意が得られない場合は、作業の最終段階で、その違いを各チームの代表者によって構成される全体会で調整すること。
11．とくに不明確な箇所があり、疑義が出た場合には国内の博識者に勅書を送り、そのような箇所について判断を得ること。
12．各主教は管轄下の聖職者に文書を送り、この翻訳が進行中であることを知らせること。原典の言語について詳しい人を出来るだけ多く動員し、とくに意見があれば、ウェストミンスター、ケンブリッジないしオックスフォードの各チームにその意見を送付させること。
13．各チームの責任者については、ウェストミンスターチームはウェストミンスターおよびチェスターの首席司祭が、両大学のチームはヘブライ語ないしギリシャ語の欽定講座教授が当たること。
14．ティンデル訳、マシュー訳、カヴァデル訳、ウィットチャーチ聖書

［＝大聖書］ないしジュネーブ聖書の方が主教訳聖書よりも本文により
よく符合する場合はその訳を用いること。
15. 上記の各チームの責任者に加えて、両大学関係者で翻訳チームに加
わっていない古参の謹厳な神学者の中から3ないし4人を両大学の副学
長が学寮長と協議の上、指名し、上記第4ルールをより確実にするた
め、ヘブライ語およびギリシャ語の訳出の監修者にすること。

(3) 訳文作成作業

上に挙げた15項目のルールが訳業開始以前に提示されていたので[14]、各
チームはそれに従って以下のように作業を進めたと考えて良いと思われま
す。ただし上記15項目のルール（特に第9ルール）が十分に守られたかど
うかについては疑いを抱く研究者もいます。

第1段階：各担当者は与えられた部分を一人で訳出・改訳ないし「主教
訳」を維持するかどうかの判断作業を行う。（第8ルール）
第2段階：各担当者の作業結果を持ち寄って、チームとしての訳文を作
る。（第8ルール）
第3段階：一つの書（book）のチーム訳ができあがったら、そのコピーを
3部以上作って、それを他のチームに回送する。（第9ルール）
第4段階：他チームの訳を検討して疑義があれば、それを文書にして該当
のチームに通知する。（第10ルール）　通知を受けたチームは
第2段階へ戻って検討する。
第5段階：各チームの責任者が集まって全体会（general meeting）を行い、
それまでに一致に至らなかった箇所を検討・調整する。（第10
ルール）
第6段階：各チームから2人ずつ、合計12人で第5段階まで終えた訳を
推敲する[15]。
第7段階：ビルソン司教（Thomas Bilson）と第1オックスフォード・チー
ムのマイルズ・スミス（Miles Smith）が最終の推敲を行う[16]。

第1段階の作業で行う訳文作成のために、王室ご用の印刷業者、ロバート・バーカー（Robert Barker）から各チームに「主教訳聖書」の未綴じ版が提供されています[17]。そのことから、また、第1ルールでも明らかですが、欽定訳聖書は、基本的に「主教訳聖書」の改訂版なのです。ただし、作業段階が明確になっている上、比較的短期間のうちに、担当者達が集中的に仕事をしており、しかも、チームとして、また、全体として統一を取る手順を踏んでいるので、均整の取れた結果が得られたと考えられます。

(4)　印刷・発行

　全体会は1610年の秋までに終わりましたので、訳文の最終推敲をビルソン司教とマイルズ・スミスが行いました。更に、この2人が国王への献呈辞と序文を加えました。

　このようにして仕上げられた原稿は1610年中に印刷業者、ロバート・バーカーに渡され、印刷作業が始まりました。校正作業も当然行われましたが、その作業の担当者としては第2ケンブリッジ・チームのボイズ（John Bois）しか判っていません。印刷所も複数（少なくとも2カ所）が使われたと推測され、後日、'He' Bible とか 'She' Bible などと言われる版が出現する原因になった可能性があります[18]。

　いくつかの工程を経てできあがった「欽定訳聖書」は1611年に発行されましたが、書籍出版業者の記録には登録されておらず、何月の公刊かは判っていません。

　初版のサイズは二つ折り版（folio）で、およそ42cm×27cm、厚さは表紙分を除いておよそ、7.6cm と言われます[19]。各頁にはページの数字が入っていませんが、下記のようなページ数になります。

　　　　題扉を除き、献呈辞と序文、および日課部分　　　　　33頁、
　　　　旧約聖書（正典部分）　　　　　　　　　　　　　　　929頁、
　　　　外典部分　　　　　　　　　　　　　　　　　　　　　212頁、
　　　　題扉を除いた新約部分　　　　　　　　　　　　　　　284頁、
従って、題扉を除いた合計は1,458頁になります。

活字は、本文ではドイツ字体（black letter）で印刷されていますが、各章のはじめの要約部分と付加語部分、および欄外の注は小型のローマン体が使われています。付加語部分というのは、ヘブライ語やギリシャ語などの原典には該当する語が無いけれども、英語文を構成する上で加えざるを得ない語がある場合などを指します。

　初版は約5,000冊作られ、1冊、30シリングはしたであろうと推測されています[20]。この初版が発行され、それを読んだ人々はおよそ肯定的に受け入れたと思われます。説教者・詩人ダン（John Donne 1573-1631）は度々、「欽定訳」から引用をしましたし、作家・聖職者のスウィフト（Jonathan Swift 1667-1745）も訳出担当者達を賞賛しています[21]。他方、自らをヘブライ語やギリシャ語に長けていると豪語したブロートン（Hugh Broughton）という学者のように、「新しくできた版は燃やしてしまわねばならぬ」などと言って[22]、揶揄した人もおりました。

　1611年の初版には20数カ所の誤りがあったことが指摘されています。たとえば、マラキ書1章8節では、And if hee offer the blind for sacrifice, ... となっていますが、正しくは if ye offer で、第2版で修正されました。また、コリントの信徒への手紙1、7章32節では、He ... careth for the things that belōgeth to the Lord, は things that belōg であるべきで、1612年の版で修正されました。このような誤りの修正は1613年版、1616年版、1617年版、1629年版、1630年版、1638年版、1769年版まで続きましたが、大きな誤りは1617年版までに修正されています。

　上述のような過程を経て世に出た「欽定訳聖書」は通常 The Authorized Version of the Bible、あるいは King James Version と呼ばれていますが、今日も綴り字や句読点を現代化した1611年版の修正版が出版され続けています。最近ではハードカバーばかりでなく、ペーパーバックの版[23]まで出ています。

5　欽定訳聖書の英語

　欽定訳聖書の英語は、その初版の出版年のおよその時期、すなわち、17

世紀初頭の英語ではないと言われています。市河三喜は「…1604-11年の間に譯されたものではあるが語彙文法に於て、その時代の英語よりは一段古い英語を代表して居るやうに見える」[24]と述べ、大塚高信は「聖書［著者注：欽定訳聖書］の英語は、それが実際に出版された十七世紀の初頭の英語ではなく、寧ろそれより遡ること百年に亙る長期の英語、…である」[25]と述べ、寺沢芳雄は「そもそもAVが出版された1611年の時点において、AVの英語は古語的要素をもっており、概略的にいえば、その英語は大体16世紀前半の英語を表わしているといえる」[26]と言っています。

パートリッジ（A. C. Partridge）は "If a generalization about the language of the *King James Bible* may be hazarded, it is that archaism has a more dignified and functional place than in any previous translation since Tyndale."[27]（欽定訳聖書の英語についてあえて一般化して言えば、ティンデル以降のどの翻訳よりも古語法が威厳を作り出し、有効に機能している）と述べ、プリケット＆バーンズ（S. Prickett & R. Barnes）も "… the language of the translation was deliberately archaic."[28]（その訳文の英語は意図的に古語法とされた。）としており、上記の日本人研究者のように具体的な数字は挙げていないけれども、欽定訳聖書は古い英語で書かれていると言っています。

欽定訳聖書では古い英語が用いられていることは上記のように研究者が共通して認めているところですが、寺沢が言うように、「16世紀前半」のものであるかどうかを助動詞doの振舞いを見ることによって考察してみましょう。

エレゴルド（A. Ellegård (1953)）は助動詞doの歴史的振舞いについて、採取した膨大なデータの集大成とも言うべきものを「各種の文に出現するdo形の百分比」（Per cent do-forms in various typs of sentence）として、グラフ化して示しました[29]。このグラフに盛田（1994）が得た新約部分のdoの振舞いに関する以下の数値、すなわち、各種の文におけるdoの頻度数の割合、を加え、エレゴルドのスケール上のどこに位置するかを以下に示します。

序章　欽定訳聖書の成立過程

盛田 (1994) の数値[30]		エレゴルドのグラフに相当する年代
(1) 肯定平叙文	0.019	1525–1535
(2) 否定平叙文	0.045	1475–1500
(3) 肯定疑問文	0.36	1535–1550
(4) 否定疑問文	0.61	1535–1550
(5) 否定命令文	0.26	1600–1625
(6) do 全体	0.029	1525–1535

　上の表から (1) 肯定平叙文、(3) 肯定疑問文、(4) 否定疑問文では1500年代前半の振舞いに相当し、(2) 否定平叙文では1500年以前の振舞いに相当することが判ります。ところが、(5) 否定命令文では1600年代初期の振舞いに相当します。(6) do 全体、としては1530年前後の振舞いに相当していることが判ります。

　助動詞 do の振舞いという点から、欽定英訳聖書の英語の「古さ」を見ると、大塚や寺沢の指摘することが的を射ていると判断できます。他方、否定命令文の場合のように、出版当時、すなわち、1600年初めの振舞いもあることから、過大な一般化は危険ですが、欽定訳聖書の英語は古語法だけではなく、当時の新しい語法を取り入れた側面もあると言えます。

　第1章以降においては、一般動詞、往来の動詞、授与動詞、使役動詞、知覚動詞など7つの動詞について、その振舞いを観察し、初期近代英語期の動詞の実態を明らかにしていきます。

注

1）モーセ五書とは創世記（Genesis）、出エジプト記（Exodus）、レビ記（Leviticus）、民数記（Numbers）、申命記（Deuteronomy）を言う。
2）ヘンリー8世は正妻のキャサリン（Catherine of Aragon）を疎み、宮廷の女官ブーリンと恋愛関係となった。このことが後にキャサリンとの離婚問題となり、ローマ教皇との関係悪化に至った。これを諫めた時の大法官（法務大臣に当たる）トマス・モア（Sir Thomas More）は処刑されることになる。
3）「首長令」（Act of Supremacy）によって、英国王は England の教会の首長であることを宣言した。これはヘンリー8世が離婚問題でローマ教皇と対立し、教皇によって破門されたため、カトリックからの分離独立を決めたものである。

4）エリザベス女王の意志の確認は、死の床にある女王の周りに立った3人（the Lord Admiral, the Lord Keeper, Mr. Secretary）によって行われた。[G. B. Harrison, *A Last Elizabethan Journal*, p. 325.]
5）G.B. Harrison, *A Jacobean Journal*, p. 20.
6）Olga Opfell (1982) p. 3.；長嶋大典（1988）p. 108.
7）if every man's humour might be followed, there would be no end of translating. [G. B. Harrison, *A Jacobean Journal*, p. 101.; Olga Opfell (1982) p. 7.]
8）I profess I could never yet see a Bible well translated in English; but I think that of all that of Geneva is worst. I wish some special pains were taken for an uniform translation, which should be done by the best learned in both Universities, then reviewed by the Bishops, presented to the Privy Council, lastly ratified by Royal Authority, to be read in the whole Church, and no other. [G. B. Harrison, *A Jacobean Journal*, p. 101.]
9）Alfred Pollard によれば「おそらく（probably）」と断っている。
10）1604年11月19日に Richard Edes が死亡したので、彼の代わりに Principal of St. Edmund Hall の John Aglionby が充てられた。なお、Bishop of Bath の James Montague が Edes の後任になったという資料もある。[Olga Opfell (1982) p. 86.]
11）Pollard が引用した資料では「Ravens の名前があるのは明らかに誤りだ」と Bishop Gilbert Burnett が書いている［Alfred. Pollard (1985) p. 38.］が、Opfell が集めた資料によれば Ravens がチームに加わったのは間違いない［Olga Opfell (1982) p. 87.］ようである。
12）Ralph Hutchinson は1606年に死亡。
13）William Dakins は1607年に死亡。
14）第15ルールは各チームが作業を始めてから提示されたであろう、という説もある。（David Norton, *A Textual History of the King James Bible*, p. 9.）
15）Ward Allen & Edward Jacobs (1995) p. 4.
16）ibid.
17）ibid.
18）旧約のルツ記　第3章15節で、: and he went into the citie. という版と : and she went into the citie. という版がある。ヘブライ語原典でも異本があり、she が正しいかどうかは断定できない。この差異の原因を印刷所の違いにあると見るか、he が初版で、それを訂正した she が2版だと見るか、については決着がついていない。
19）寺澤芳雄（1985）p. 11.
20）当時の1シリングの価値は現在の円に換算して、およそ2〜3万円程度であろうと推測されるので、30シリングは60万円〜90万円になる。
21）Olga Opfell p. 119.
22）Olga Opfell pp. 117-8.
23）Random House から出されているが、外典は除かれている。
24）市河三喜（1958）pp. vi–vii.
25）大塚高信（1962）p. 6.
26）寺沢芳雄 他（1969）p. 81.
27）A. C. Partridge (1973) pp. 111-2.

28) Stephen Prickett & Robert Barnes (1991) p. 120.
29) A. Ellegård (1953) p. 162.
30) 盛田 (1994) pp. 183-4. このグラフ化の基になる数値については、エレゴルドが示していないので、エレゴルドの基礎データに基づいて、盛田が計算した。

第 1 章
Buy*

1　Buy の用例数

1.1　定形、非定形による分類

buy の全用例を定形、非定形で分類すると次の表 1 になります。

表 1　buy の定形及び非定形の頻度数

		旧約聖書	新約聖書	合　計
定　形				
buy	単数 1 人称・複数全人称・現在形など	15	3	18
buyest	単数 2 人称・現在形	2	0	2
buyeth	単数 3 人称・現在形	1	2	3
bought	単数 2 人称以外の過去形	15	9	24
boughtest	単数 2 人称・過去形	0	0	0
	合　計	33	14	47
非定形				
buy	不定詞	27	11	38
buying	現在分詞	0	0	0
bought	過去分詞	15	5	20
buying	動名詞	0	0	0
	合　計	42	16	58
	総　計	75	30	105

buy 及びその変化形の用例は 105 あります。定形は用例総数の半数に及び

ません（45％）。表には出ていませんが、定形の buy の全用例 18 のうち 15 例が命令法として用いられています[1]。残りの 3 例のうち 2 例が仮定法形[2]、1 例は 3 人称主語の現在時制形です[3]。

直説法現在形の 2 人称単数形 buyest と 3 人称単数形 buyeth はそれぞれ 2 例と 3 例です[4]。

過去形 bought の用例は定形の用例の約半分あります（51％）[5]。単数 2 人称過去形 boughtest の用例はありません。

非定形は不定詞と過去分詞の用例のみで、現在分詞、動名詞の用例はありません。不定詞の用例は 38 あり、表には出ていませんが、その 60％（23 例）が base form の to の付かないもので、助動詞と共に使われています[6]。残りの 40％（15 例）は to 付不定詞[7]（14 例）および for to 付不定詞[8]（1 例）で目的を意味する用法が多くなっています。過去分詞の用例は 20 あり、表には出ていませんが、その半数（10 例）は完了文の主動詞であり[9]、残りは受動文の主動詞と受動の意味を備えた叙述的形容詞として用いられています[10]。

2　語　形（Conjugation）

2.1　定　形

buy の定形は主語の人称や数、時制、法によって以下のような形で現れます。

2.1.1　現在時制

	直説法 単数		直説法 複数		仮定法 単数	仮定法 複数
1 人称	I	用例なし	we	用例なし	用例なし	用例なし
2 人称	thou	buyest	ye	用例なし	buy	用例なし
3 人称	he/she	buyeth	they	buy	buy	用例なし

2.1.2 過去時制

	直説法				仮定法	
	単数		複数		単数	複数
1人称	I	bought	we	bought		
2人称	thou	用例なし	ye	用例なし	全て用例なし	
3人称	he/she	bought	they	bought		

2.2 非定形

buy の非定形は以下のとおりです。

1) 不定詞　　　buy, to buy, for to buy
2) 現在分詞　　用例なし
3) 過去分詞　　bought
4) 動名詞　　　用例なし

3　統　語（Syntax）

3.1 否定文

否定語 not, neither によるもの、否定語 no を伴った主語や目的語を持つもの、否定内容を含意する接続詞 except によるものがあります。それらを類型別にして示します。

1) S＋Aux＋not＋buy
 (1) …, *that* we would not buy it of them on the Sabbath, …. (Ne 10:31)
 　　（いかなる種類の穀物を…売ろうとしても安息日…には買わない。[11]）
2) O＋buy＋S＋not
 (2) Onely the land of the Priests bought he not: (Ge 47:22)
 　　（ただし、祭司の農地だけは買い上げなかった。）
ヘブル語原典の影響を受けて目的部分が文頭に置かれたために主語と述部動詞が逆転しています。

第 1 章　Buy

3 ）Neg (neither)＋buy＋S＋O
(3) …, neither bought wee any land: (Ne 5:16)
　　（わたしは［*sic*］[12]…土地を買収したりはしなかった。）
否定語が文頭に位置したために述部動詞と主語の位置が逆転しています。

4 ）[Neg (no)＋N]$_S$＋(Aux)＋buy
(4) …, and no man shall buy *you*. (De 28:68)
　　（自分の身を…買ってくれる者はいない。）
この類型に入るものがもう 2 例あります[13]。

5 ）S＋buy＋[Neg (no)＋N]$_O$
(5) Thou hast bought mee no sweete cane with money, …. (Isa 43:24)
　　（あなたは香水萱をわたしのために買おうと銀を量ることもせず）

6 ）Neg (conj.)＋S＋Aux＋buy
(6) Wee haue no more but fiue loaues and two fishes, except we should go and buy meate for all this people. (Lu 9:13)
　　（わたしたちにはパン五つと魚二匹しかありません、このすべての人々のために、わたしたちが食べ物を買いに行かないかぎり。）

否定文は上記の 6 種類、合計 7 例がありますが、「do 支持」による否定文はありません。

3.2　疑問文

buy を主動詞とする疑問文は下記の 2 種類、2 例のみです。なお、否定の疑問文は用例がありません。

1 ）Yes-No 疑問文（Aux＋S＋buy…?）
(7) Shall we goe and buy two hundred penniworth of bread, …? (Mar 6:37)
　　（わたしたちが二百デナリオンものパンを買って来て、…のですか）

2 ）Wh 疑問文　（Wh＋Aux＋S＋buy…?）
(8) Whence shall we buy bread, …? (Joh 6:5)

（どこでパンを買えばよいだろうか）

3.3 命令文
buy の命令文はすべて肯定文で、15例ありますが、let による3人称への命令を合わせると16例になります。それらを分類し、代表例を以下に示します。

1) Buy

主動詞の buy だけで目的語のないものが1例あります。
(9) …: come ye, buy and eate, …. (Isa 55:1)
　　　　（…来るがよい。穀物を求めて、食べよ。）
この文には目的語がありませんが、これに続く次の文の目的語が buy の目的語になっています。

2) Buy+O_D

対格の目的語のみを取るものが6例あります。
(10) Buy my field, I pray thee, …. (Jer 32:8)
　　　　（どうか買い取ってください。）

3) Buy+O_I+O_D

与格と対格の目的語を取るものが4例あります。
(11) Buy thee my field that is in Anathoth: (Jer 32:7)
　　　　（アナトトの畑を買い取ってください。）
与格の O_I には thee（2例）や vs（2例）が使われます。

4) Buy+O_D+[for+N]$_{OI}$

与格の目的語を for 付与格にするものが2例あります。
(12) Buy it for thee: (Ru 4:8)
　　　　（どうぞあなたがその人をお引き取りください。）

5) Buy+[for+N]$_{OI}$

for 付与格の目的語のみを取るものが2例あります。
(13) …, and buy for your selues. (Mat 25:9)

(自分の分を買ってきなさい。)

buy の後には for 付与格のみで O_D がありませんが、O_D の内容は文脈から判ります。(13) の場合は your oyle が O_D であることが前節から判ります。

6) *let*-imperative

3人称への命令が1例あります。

(14) ..., let him sel his garment, and buy one. (Lu 22:36)
（服を売ってそれを買いなさい。）

3.4 自動詞

buy の大部分は対格の目的語を持った他動詞として使われていますが、以下のように目的語を持たない自動詞としての用法が少数あります。

1) 平叙文[14]

(15) According to the number of yeres after the Iubile, thou shalt buy of thy neighbour, ... (Le 25:15)
（あなたはヨベル以来の年数を数えて人から買う。）

2) 命令文[15]

(16) ..., and he that hath no money: come ye, buy and eate, ... (Isa 55:1)
（銀を持たない者も来るがよい。穀物を求めて、食べよ。）

この用例は上記 (9) と重なります。

3) 関係節[16]

(17) And Iesus ... cast out all them that sold and bought in the temple, ... (Mat 21:12)
（それから、イエスは…そこで売り買いをしていた人々を皆追い出し、）

上記の3例も自動詞の他の用例箇所も、buy の目的語にあたるものが土地であるのか、食料か、油か、その他の特定をしないものかなどは文脈から容易に想定されます。そのような観点から判断すれば、この自動詞は疑似自動

詞と言っても差し支えないと思われます。(16)の例文の日本語訳に「穀物を」と目的語を入れているのは意訳ではなく、ヘブル語原典の該当語は「穀物を売買する」という意味であり、それをまともに翻訳したものです。

3.5　buy＋O$_I$

つぎの用例は前置詞付与格の目的語はありますが、対格の目的語がありません。

(18) ... there is corne in Egypt: get you downe thither and buy for vs from thence, ... (Ge 42:2)
　　（…エジプトには穀物があるというではないか。エジプトへ下って行って穀物を買ってきなさい。）

この文では上記のように buy の対格の目的語は統語上欠けています。しかし、文脈をたどれば "corne" が省略されていることが判ります。日本語訳に「穀物」が入っているのは重複という感がしますが、これが入れられた理由は前項の説明と同じで、ヘブル語を忠実に訳した結果だと思われます。

3.6　与格動詞

1) buy＋O$_I$＋O$_D$

与格動詞 buy が取る一般的な構造です。

(19) Thou hast bought mee no sweete cane with money, ... (Isa 43:24)
　　（あなたは香水萱をわたしのために買おうと銀を量ることもせず…）

この例文は (5) の再掲ですが、この場合のように主格（thou）と与格（mee）が異なる場合はつぎの (20) のような問題は起こりません[17]。

(20) Buy thee my field that is in Anathoth: (Jer 32:7)
　　（アナトトにあるわたしの畑を買い取ってください。）

この例文は (11) の再掲ですが、この例のように、想定される主格（thou）と与格（thee）が同一人である場合、与格の代名詞は心的与格（ethical dative）と考えられます。現代英語では必要ないという語感があるので、現代語訳の Revised Standard Version（以後、RSV）や The Revised English Bible

（以後、REB）では与格の代名詞を使っていません。この語法はヘブル語原典の与格代名詞の対応語を直訳したものと思われます。この種の用例は4つあります[18]。

2) buy＋O_D＋[for＋N]$_{OI}$ [19]

　(21) And Ioseph bought all the land of Egypt for Pharaoh: (Ge 47:20)

　　（ヨセフは、エジプト中のすべての農地をファラオのために買い上げた。）

後置された O_I は、通例、上記のように for を伴った前置詞句の形をとります。

3) buy＋O_D＋[to＋N]$_{OI}$

　(22) So I bought her to me for fifteene *pieces* of silver, …. (Ho 3:2)

　　（そこで、わたしは銀十五シェケル…を払って、その女を買い取った。）

この例文で O_I が for me とはならなかったのはこれに続く部分が for で始まるために、for NP が二つ連なることをさけて、to me としたことは明らかです。なお、ここでも主語の NP と与格の NP が同一人であり、RSV や REB では to me を省いています。もちろんヘブル語原典には to me の該当語があります。後置された O_I が to を伴う例は他にはありません。

3.7　仮定法

仮定法の buy が用いられている用例が 2 例あります[20]。いずれも if 条件節内です。

　(23) But if the Priest buy any soule with his money, he shall eat of it, ….

　　　(Le 22:11)

　　（ただし、祭司が金を出して買い取った奴隷はそれを食べることができる。）

この例文では if 条件節の中で、主語は単数の Priest ですが、それに続く動詞 buy は語形変化をせず、仮定法の buy になっています。

3.8 条件節中の直説法

AV の語法では、if 条件節は仮定法で書かれています。しかし、次のように直説法が使われている例が一つあります。

(24) And if thou sell ought vnto thy neighbour, or buyest ought of thy neighbours hand, ye shall not oppresse one another. (Le 25:14)
   （あなたたちが人と土地を売買するときは、互いに損害を与えてはならない。）

この文の前提節の初めの動詞 sell は sellest となっていませんから仮定法の語形であることが判りますが、or で結ばれた次の動詞は buy ではなく buyest ですから、直説法の語形です。何故このような不一致を構成させたのでしょうか。次のような理由が推定されます。すなわち、if から neighbour までで通常の節としての長さがあり、仮定法の意識はそこまでで終わり、その後からは直説法の意識で読むような意識が形成されること、これに加えて、朗読する際には buy ought の連続よりも buyest ought として 1 音節加える方がはるかに読み易くなること、です。なお、ヘブル語原典では sell に当たる語は未来時制ですが、buyest に当たる動詞は絶対不定詞形になっています。このような違いがあることが翻訳者に sell と buyest のような不統一を選択させる理由を、少なくとも消極的には与えているであろうと思われます。なお、前提節の主語は thou で、帰結節の主語は ye となっていて、一見、誤訳のように思えますが、ye は thou と売り買いする相手の neighbour を含むので、意味上不都合はありません。ヘブル語原典では thou に当たる箇所は単数のものと、複数のものの二つの異本があります。また、この箇所は1881年に出版された欽定訳の改訂版である The Revised Version では次のように直説法を維持していません。

(25) RV: And if thou sell aught unto thy neighbour, or buy of thy neighbour's hand, ye shall not wrong one another: ….

第1章 Buy

4 連　語（Collocation）

4.1 動詞連結

接続詞 and や or によって buy と結びつけられる動詞にどのようなものがあるかを表2に示します。

表2　buy と動詞の連結

連語の類型	旧約	新約	小計	合計
buy and sell		1	1	2
buy …, and sell	1		1	
buy or sell		1	1	1
buy and eate	1		1	1
bought and nourished	1		1	1
go and buy		2	2	6
goe … and buy	3	1	4	
sel(l) …, and buy		1	1	3
sold and bought		2	2	
get … and buy	1		1	1

buy and の後ろに置かれる動詞は sell が2例あります。buy と sell が or で結ばれたものが1例あります。and buy の前に置かれる動詞は get, go, sell ですが、go が6例、sell が3例あります。sell の場合は and の右でも左でも結びつきますが、go は左にしか来ていません。

4.2 間接目的語

buy の間接目的語としてどのようなものがあるかを表3に示します。

表3　buy の間接目的語

間接目的語	旧約	新約	合計
me	1		1
vs	2		2
thee	3		3
themselues		2	2
for Pharaoh	2		2
for thy selfe	2		2
to me	1		1
合計	11	2	13

　与格の目的語は上表で示すように代名詞の用例しかありません。前置詞付与格は for タイプ4例、to タイプ1例で、合計5例あります。間接目的語をもつ用例13のうち、11例が旧約部分にあります。

4.3　直接目的語

buy の直接目的語としてどのようなものがあるかを表4に示します。

表4　buy の直接目的語

類別	直接目的語	旧約	新約	小計	合計
食べ物や飲み物	food	7		7	
	corne	5		5	
	bread		3	3	
	meat(e)	1	2	3	
	milke	1		1	23
	spices		1	1	
	victuals		1	1	
	water	1		1	
	wine	1		1	
畑や土地	field	9	2	11	
	land	6		6	
	floore	2		2	22
	ground	1	1	2	

第 1 章　Buy

	hill	1		1	
代名詞	it	11	1	12	
	him	2		2	
	you	2		2	
	her	1		1	20
	thee	1		1	
	vs	1		1	
	them		1	1	
材料など	stone	2		2	
	timber	2		2	
	cane	1		1	
	gold		1	1	10
	linnen		1	1	
	yoke		1	1	
	merchandise		1	1	
	sepulchre		1	1	
生き物	lambe(s)	2		2	
	bullockes	1		1	
	oxen	1		1	
	rammes	1		1	
	bondmen	1		1	10
	bondmaids	1		1	
	seruant	1		1	
	soule	1		1	
	the poore	1		1	
その他	all	1		1	
	one	1		1	
	ought	1		1	
	things		1	1	6
	trueth	1		1	
	of them	1		1	

　表4では、食べ物や飲み物、更に、畑や土地などの頻度が高くなっています。代名詞もたびたび目的語になることがわかります。特に it は単語別の頻度としては最高です。生き物としては家畜や奴隷だけでなく、普通の人や貧しい人、また、人称代名詞の方まで含めると、him, you, her, thee, vs は明ら

かに人ですから、宗教的な意味も含めて、聖書では人の売買が扱われていることが判ります。最終行の of them は部分の of を用いており、事実上 some of them に等しく、目的語扱いをしてよいものと考えます。

5 　成　句（Set Phrase）

5.1 　buy for NP

ここで扱う for NP は buy の与格目的語ではなく、「〜を支払って」あるいは「〜と引き替えに」などの意味を表す副詞類（Adverbial）です。

１）buy for money
　　(1) And he bought a parcell of a field …, for an hundred pieces of money. (Ge 33:19)
　　　　（ヤコブは、…土地の一部を、…百ケシタで買い取り、）
　for NP の NP はこの例文のように具体的な金額が示される場合も、そうではなく、単に for money の場合もあります。(1) 以外に 7 例あります[21]。

２）buy for siluer
　　(2) So Dauid bought the threshing floore, and the oxen, for fiftie shekels of siluer. (2Sa 24:24)
　　　　（ダビデは麦打ち場と牛を銀五十シェケルで買い取り、）
　この例文のように銀の具体的な額が for の後に有る場合も、siluer だけの場合もあります。(2) の他に 3 例あります[22]。

３）buy for price
　　(3) Nay, but I wil verily buy it for the full price: …. (1Ch 21:24)
　　　　（いや、わたしは代価を十分支払って買い取らなければならない。）
　この類型の用例は他にありません。

４）buy for bread
　　(4) …? buy vs and our land for bread, …. (Ge 47:19)
　　　　（食糧と引き換えに、わたしどもと土地を買い上げてください。）

この類型の用例は他にありません。

5.2 buy with NP

ここで扱う with NP は for NP の場合と同様に、「～を支払って」という内容を表すものであって、「～と共に」という意味ではありません。

1) buy with money[23]
　(5) That thou maiest buy speedily with his money, bullocks, rammes, lambes, …. (Ezr 7:17)
　　（それゆえ、あなたはその銀を持って雄牛、雄羊、子羊、…を丹念に買い集め、…）

この類型は (5) の他に 5 例あります[24]。

2) buy with price
　(6) For yee are bought with a price: …. (1Co 6:20)
　　（あなたがたは、代価を払って買い取られたのです。）

この用例の他に 1 例あります[25]。

3) buy with them
　(7) And they tooke counsell, and bought with them the potters field, …. (Mat 27:7)
　　（相談のうえ、その金で「陶器職人の畑」を買い、…）

この用例の them はユダが受け取った siluer を指していますから、buy with siluer と等価ですが、前節に siluer pieces という句があるので them になっています。この他の用例はありません。

5.3 buy without NP

with NP とは反対の「～を支払わずに」の意味を持つ without NP の用例があります。

1) buy without money/price

(8) ..., and he that hath no money: ..., yea come, buy wine and milke without money, and without price. (Isa 55:1)
(銀を持たない者も来るがよい。…来て、銀を払うことなく…価を払うことなく、ぶどう酒と乳を得よ。)

これ以外の用例はありません。

5.4 buy at NP

「対価を支払って」の意味を表現するのは上記の for price や with price の他に、at price もあります。

1) buy at a price[26]
(9) Nay, but I will surely buy it of thee at a price: .... (2Sa 24:24)
(いや、わたしは代価を支払って、あなたから買い取らなければならない。)

これ以外の用例はありません。

5.5 buy of NP

「～から買い取る」の意味の場合、前置詞はもっぱら of が使われます。NP の位置には代名詞、普通名詞、固有名詞などが来ています。

1) buy of Pron
(10) I counsell thee to buy of me gold tried in the fire. (Re 3:18)
(火で精錬された金をわたしから買うがよい。)

この用例の他に 6 例あります[27]。

2) buy of Com.N
(11) And Potiphar ... bought him of the hand of the Ishmeelites, ... (Ge 39:1)
(イシュマエル人の手から彼を買い取ったのは、…ポティファルであった。)

この用例以外に 7 例あります[28]。

3）buy of Prop.N

(12) …, thou must buy it also of Ruth the Moabitesse, …. (Ru 4:5)

　　（モアブの婦人ルツも引き取らねばなりません。）

　欽定訳は「ルツからも」であり、日本語訳が「ルツも引き取らねば」となっているのは、ヘブル語原典に異本があり、その違いが出てきたものです。どちらかの誤訳というわけではありません。これ以外の用例はありません。

5.6　buy from Adv

「～から買い取る」は from を使った例もあります。

1）buy from thence

(13) …: get you downe thither and buy for vs from thence, …. (Ge 42:2)

　　（エジプトへ下っていって穀物を買ってきなさい。）

　これ以外の用例はありません。

6　まとめ

　本章では動詞 buy の振舞い（behavior）と成句（set phrase）を中心に観察してきました。得られた知見を以下にまとめておきます。

1．buy 及びその変化形は用例が少なく、105例を数えるのみです。
2．対格の目的語も与格のそれも持たない用例が10例以上ありますが、文脈上、目的語を容易に補うことができます。
3．与格の目的語はあるが、対格のそれを持たない buy があります。この場合も対格の目的語を文脈から想定できます。
4．主語と同一人の与格目的語を取る例があります。その際の与格は心的与格であると考えられます。
5．後置された与格目的語の前置詞は for のみでなく to の例もあります。

6．if 条件節で直説法をとる buy の例があります。

7．「〜と引き換えに」「〜を支払って」の意味を表す連語は buy for の他に、buy with, buy at もあります。

8．「〜から買い取る」はもっぱら buy of ですが、buy from もあります。

注

＊ この章は『愛知県立大学外国語学部紀要（言語・文学編）』第32号（2000年3月公刊）の筆者の論文「欽定英訳聖書における動詞 *Buy* の文法」に加筆し、必要な修正を加えたものである。

1）命令法の用例箇所は以下のとおり。
　a. buy：2人称単数主語　11例
　　Ge 47:19　Ru 4:4　　Ru 4:8　　Pro 23:23　Isa 55:1　Isa 55:1
　　Jer 32:7　 Jer 32:8　 Jer 32:8　Jer 32:25　Joh 13:29.
　b. buy：2人称複数主語　4例
　　Ge 42:2　 Ge 43:2　 Ge 44:25 / Mat 25:9.

2）仮定法の用例箇所は以下のとおり。
　a. buy：2人称単数主語、現在時制　1例
　　Ex 21:2.
　b. buy：3人称単数主語、現在時制　1例
　　Le 22:11.

3）3人称複数主語、現在時制　1例の用例箇所は以下のとおり。
　　1Co 7:30.

4）buyest：2人称単数主語、現在時制　2例の用例箇所は以下のとおり。
　　Le 25:14　Ru 4:5.
　buyeth：3人称単数主語、現在時制　3例の用例箇所は以下のとおり。
　　Pro 31:16 / Mat 13:44　Re 18:11.

5）bought の用例箇所は以下のとおり。
　a. bought：1人称単数主語、過去時制　2例
　　Ho 3:2　 Jer 32:9.
　b. bought：1人称複数主語、過去時制　1例
　　Neh 5:16.
　c. bought：3人称単数主語、過去時制　15例
　　Ge 33:19　Ge 39:1　　Ge 47:20　Ge 47:22　Ge 49:30
　　Ge 50:13　Le 25:30　Le 25:50　Jos 24:32　2Sa 24:24
　　1Ki 16:24 / Mat 13:46　Mar 15:46　Ac 7:16　2Pe 2:1.
　d. bought：3人称複数主語、過去時制　6例
　　Ge 47:14 / Mat 21:12　Mat 27:7　Mar 11:15　Lu 17:28　Lu 19:45.

第 1 章　Buy

6）bare 不定詞の用例箇所は以下のとおり。
　a. 助動詞に続く場合　22例
　　Ge 43:4　　Le 25:15　　Le 25:44　　Le 25:45　　Deu 2:6　　De 2:6
　　De 28:68　　Ru 4:5　　2Sa 24:24　　1Ch 21:24　　Ezr 7:17　　Neh 5:3
　　Neh 10:31　Jer 32:44　　Am 8:6　／　Mat 14:15　　Mar 6:36　　Mar 6:37
　　Lu 9:13　　Joh 6:5　　Jam 4:13　　Rev 13:17.
　b. 使役動詞に続く場合　1例
　　Luk 22:36.
7）to 付不定詞　14例の用例箇所は以下のとおり。
　　Ge 42:3　　Ge 42:5　　Ge 42:7　　Ge 42:10　　Ge 43:20　　Ge 43:22
　　2Sa 24:21　2Ki 12:12　2Ki 22:6　　2Ch 34:11　Jer 32:7　／　Mat 25:10
　　Joh 4:8　　Re 3:18.
8）用例箇所は Ge 41:57.
9）完了文中の過去分詞 bought　10例の用例箇所は以下のとおり。
　　Ge 47:23　　Le 25:28　　Le 27:22　　De 32:6　　Ru 4:9
　　2Sa 12:3　　Isa 43:24　／　Mar 16:1　　Lu 14:18　　Lu 14:19.
10）受動文中の過去分詞および形容詞化した過去分詞の用例は以下のとおり。
　a. bought：受動文　9例
　　Ge 17:12　　Ge 17:13　　Ge 17:23　　Ex 12:44　　Le 25:51
　　Le 27:24　　Jer 32:43　／　1Co 6:20　　1Co 7:23.
　c. bought：形容詞　1例
　　Ge 17:27.
11）日本語訳は新共同訳（1993年版）による。
12）日本語訳で「わたし」とあるのはヘブル語原典で異本があるためである。
13）Re 13:17.　Re 18:11.
14）用例箇所は以下のとおり。
　　Ge 17:27.　Le 25:15　／　Mat 25:10　Lu 17:28　　Jam 4:13
　　Re 13:17.　（6例）
15）用例箇所は以下のとおり。
　　Isa 55:1　　Mat 25:9　（2例）
16）用例箇所は以下のとおり。
　　Mat 21:12　Mar 11:15　Lu 19:45　　1Co 7:30.　（4例）
17）用例箇所は以下のとおり。
　　Ge 43:2　　Ge 43:4　　Ge 44:25　　Isa 43:24.　（4例）
18）用例箇所は以下のとおり。
　　Jer 32:7　　Jer 32:25　／　Mat 14:15　Mar 6:36.　（4例）
19）用例箇所は以下のとおり。
　　Ge 47:20　　Ge 47:23　　Ru 4:8　　Jer 32:8　　Ho 3:2　／　Lu 9:13.　（6例）
20）用例箇所は以下のとおり。
　　Ex 21:2　　Le 22:11.

21) 用例箇所は以下のとおり。
　　　Ex 12:44　　Le 25:51　　De 2:6　　　De 2:6　　Jer 32:25　　Jer 32:44 / Ac 7:16.　　（7例）
22) 用例箇所は以下のとおり。
　　　1Ki 16:24　　Ho 3:2　　Am 8:6.　　（3例）
23) *OED* は見出し語 buy の 1 で "Const. ... *with* (the price)" としているが、本例で with money もあることが判る。
24) 用例箇所は以下のとおり。
　　　Ge 17:12　　Ge 17:13　　Ge 17:23　　Le 22:11　　Isa 43:24.　　（5例）
25) 用例箇所は以下のとおり。
　　　1Co 7:23.　　（1例）
26) *OED* は見出し語 buy の 1 で "Const. ... *at* (the seller)" としているが、本例で at a price もあることが判る。
27) 用例箇所は以下のとおり。
　　　Le 27:24　　De 2:6　　　De 2:6　　Ne 10:31　　2Sa 24:21　　2Sa 24:24.　　（6例）
28) 用例箇所は以下のとおり。
　　　Ge 17:12　　Ge 17:27　　Le 25:14　　Le 25:15　　Jos 24:32　　Ru 4:9 / Ac 7:16.　　（7例）

第 2 章
Eat(e)*

1　Eat(e) の用例数と綴り字

1.1　用例数

Eat(e) およびその変化形の用例数は以下の通りです。

表 1　eat(e) の用例数

		旧約聖書	新約聖書	合計
定　形				
eat(e)	単数 1・複数全人称・現在形など	86	29	115
eatest	単数 2 人称・現在形	3	0	3
eateth	単数 3 人称・現在形	32	11	43
ate	単数 2 人称以外の過去形	2	1	3
atest	単数 2 人称・過去形	0	0	0
	合　計	123	41	164
非定形				
eat(e)	不定詞	434[1]	106	540
eaten	過去分詞	93	12	105
eating	現在分詞	9	7	16
eating	動名詞	9	2	11
	合　計	545	127	672
	総　計	668	168	836

eat(e) はその変化形も含めて総用例数は 836 あります。その内訳は、旧約

部分で668、新約部分で168であり、旧約と新約の用例数の比はおよそ、4：1となります。すなわち、用例の約80％が旧約部分にあります。定形、非定形で分ければ、定形164、非定形672であり、その用例数の比はおよそ1：4になっています。換言すれば、用例の約80％は非定形ということになります。また、非定形の約80％が不定詞になっています。不定詞の内訳は旧約で434、新約で106であり、用例数の比は4：1となります。すなわち、用例の約80％が旧約にあります。

　定形の語形について観察すると、eat(e) が115例で、全定形の70％であり、単数3人称形 eateth が43例で26％になります。単数2人称形 eatest は極端に少なくて3例、過去形 ate も3例です。なお、過去単数2人称形の atest は用例がありません。

　次に非定形の中を見ましょう。上述のように大部分（80％）が不定詞です。過去分詞 eaten は105例で16％、現在分詞 eating は16例で2％、動名詞 eating は11例で1.6％です。

1.2　綴り字

　今日の綴り eat は欽定訳聖書（以後 AV）では eat と eate の2種類として現れます。この二つの形について定形と非定形（＝不定詞）で分類してみましょう。

表2　綴り字 eat と eate（旧約聖書）

	eat	eate	合計
定　形	10	78	88
非定形	92	340	432
合　計	102	418	520

表3　綴り字 eat と eate（新約聖書）

	eat	eate	合計
定　形	7	22	29
非定形	19	87	106
合　計	26[2]	109	135

　今日の綴りとは異なる eate が旧約、新約どちらについても eat よりも頻度が高くなっています。その比率は旧約で102対418でおよそ1：4となり、新約は26対109で、やはり1：4になります。従って、新約と旧約を合わせても、128対527でほぼ1：4になります。すなわち、eate の方が eat より約4

倍、頻度が高いのです。

　eate も eat も定形と非定形で使われ、二つの形が両文法形式間で使い分けされているのではないことが判ります。また、主語の人称や数、法、自動詞と他動詞、修飾語句の有無などについて両形を観察してみても、二つの間に使い分けがあるという結果は出てきません。それでは語尾に e が付いたり付かなかったりするのは何故でしょうか。

1.2.1　仮説と検証

　上述のように eate と eat の使い分けが文法形式によらないとすれば、どのようなことが考えられるのでしょうか。次のような仮説を立てて検証してみましょう。

　仮説1　通常は eate が使われるが、eate が現れる行にスペースの余裕がない場合は e を取り去って eat を使う。

　eat が配置される行に e を加えるだけのスペースがあるかどうかを、eat が用いられている128箇所全てについて、原典の各行を詳細に見て判断すると、次表に示す結果になりました。

表4　eat に e を加えるスペースの有無

	有り	無し	合計
旧約聖書	9	93	102
新約聖書	3	23	26
合計	12[3]	116	128

　表4に整理した数字が示すように、eat 形128例中、116例で e を加える余裕は見られません。もしも e を加えれば、行末の単語を分節してハイフン[4]を置き、残りを次行に移すか、行末の単語全体を次行に移すことになります。そのことによって次行の単語の配置が不自然になり、単語間のスペースが大きくなるなどの不都合が出てくる可能性があります。上記の数字116は、

eat形の90％が仮説1を支持していると考えてよいでしょう。それでは残りの10％にあたるeを挿入するスペースがある12例はなぜeを付加しないのでしょうか。そこで、第2の仮説を立ててみましょう。

　仮説2　欽定訳の直接の底本となったBishops' Bible（以後BB）の綴りの影響を受けた。

　行中に十分eを加えるスペースがあるのにeat形を維持する12例についてBBに当たって調べてみると、12箇所全てでeate形を用いています。これによって仮説2は完全に棄却されることになります。なお、BBではeatはすべてeateの綴りであることがChadwyck-Healey社のCD-ROMによる検索から判明しました。それでは、この12例にはどのような説明を付けたらよいのでしょうか。

　仮説3　原典でeat形の該当語とeate形のそれの間に違いがある。

　AVでeat(e)と訳された語はヘブル語原典では原形で示すと אָכַל (ākal) と בָּרָה (bārāh) と לָחַם (lācham) の3種類があります。上記の旧約部分の9箇所はすべてakalの変化形で書かれています。akalはeate形の箇所でも多く用いられています。また、ギリシャ語原典では1人称単数直説法現在形で示すと、βιβρώσκω (bibrōskō) と ἐσθίω (esthiō) と φάγω (fagō) の3種類があります。上記12箇所中の新約部分の3箇所はesthioで2箇所、fagoで1箇所書かれています。この2種類のギリシャ語もeate形の箇所でよく使われています。このような結果から、仮説3も完全に棄却されます。

　仮説4　1600年代初頭には伝統的なeateに対し、eatも使用された。

　Shakespeareの4大悲劇と初期の作品 *The Tempest*、後期の作品 *Cymberine* の6作品について1623年のFirst Folioでどちらの形が使われているかを調べて

みると、用例数は多くはない（16例）けれども、すべて eate 形です。
　AV の作成時期に重なる詩人・牧師の George Herbert（1593-1633）の全作品を扱う Concordance によると、eat が 31 回、eate が 6 回、使われています。また、劇作家・詩人 Ben Jonson（1573-1637）の詩作では eat 7 回、eate は 8 回、使われています。
　上記の検証作業から、Shakespeare については仮説 4 は棄却されますが、G. Herbert と B. Jonson については支持されることになります。
　これまでの仮説と検証の結果として、eat 形は行中に e を付加するスペースが無い場合に選択され、ごくまれに e を加えるスペースがあっても、当時、広がり始めていた eat 形を、恐らくは特別な意味なしに訳出担当者、推敲者、あるいは植字工が用いたと推測してよいでしょう[5]。

2　語　形（Conjugation）

2.1　定　形

eat(e) の定形は主語の人称と数、時制、法に応じて以下のようになっています。

2.1.1　現在時制

	直説法 単数	直説法 複数	仮定法 単数	仮定法 複数
1 人称	I　　　　eat(e)	we　　　用例なし	⟨eat(e)⟩	⟨eat(e)⟩
2 人称	thou　　eatest	ye　　　eat(e)	eat(e)	⟨eat(e)⟩
3 人称	he/she/it　eateth	they　　eat(e)	eat(e)	⟨eat(e)⟩

⟨　⟩は仮定法が推測できることを表します。

直説法で 1 人称複数の主語を持つ eate の用例はありません。

2.1.2 過去時制

	直説法		仮定法	
	単数	複数	単数	複数
1人称	I ate	we 用例なし	全て用例なし	
2人称	thou 用例なし	ye 用例なし		
3人称	he/she/it 用例なし	they ate		

eate の過去形 ate は1.1で述べたように少数の用例しかありません。その理由については3.8で考察します。また、ate は1人称単数と3人称複数の主語を持つ例しかありません。仮定法の用例は全くありません。

2.2 非定形

eat(e) の非定形は表1にも示しましたが、繰り返して記しておきます。
1）不定詞　　　eat(e), to eat(e)
2）現在分詞　　eating
3）過去分詞　　eaten
4）動名詞　　　eating

3 統　語（Syntax）

3.1 否定文

主動詞 eat(e) を含む否定文の用例を類型にまとめれば以下のようになります。

1) eat(e)＋not
  (1) She … eateth not the bread of idlenesse. (Pr 31:27)
　　　（彼女は…怠惰のパンを食べることはない。）
  動詞の後に否定語を配置するこの類型は古英語以来の伝統です。
2) [Neg＋NP]$_S$＋eat(e)
  (2) No man eate fruite of thee hereafter for euer. (Mar 11:14)

　　　　（今から後いつまでも、お前から実を食べる者がいないように）
3） Aux＋[Neg＋NP]ₛ＋eat(e)
　(3) … : there shall no stranger eate thereof. (Ex 12:43)
　　　（外国人はだれも過越の犠牲を食べることができない。）
　副詞 there が文頭に置かれたので Aux が主語の前に移動しています。
4） [Neg＋NP]ₛ＋Aux＋eat(e)
　(4) No soule of you shall eat blood. (Le 17:12)
　　　（だれも血を食べてはならない。）
5） eat(e)＋[Neg＋NP]ₒ
　(5) … ye eat neither fat, nor blood. (Le 3:17)
　　　（脂肪と血は決して食べてはならない。）
6） Aux＋not＋eat(e)
　(6) A forreiner, and an hired seruant shall not eate thereof. (Ex 12:45)
　　　（滞在している者や雇い人は食べることができない。）
　(7) …; therefore she wept, and did not eat. (1Sa 1:7)
　　　（今度もハンナは泣いて、何も食べようとしなかった。）
　この類型は多くの用例がありますが、Aux は shall が多く用いられています。
7） Aux＋eat(e)＋[Neg＋NP]ₒ
　(8) Thou shalt eat no leauened bread with it: … (De 16:3)
　　　（酵母入りのパンを食べてはならない。）
8） Neg＋Aux＋S＋eat(e)
　(9) … , neither did he eate bread with them. (2Sa 12:17)
　　　（彼らと共に食事をとろうともしなかった。）
　否定語が文頭に配置されたことにより主語と動詞句の一部が逆転しています。eat(e) の過去形は did eat(e)（詳しくは後述）が一般的であるので、主語の前に Aux の did が置かれています。

3.2 疑問文

主動詞 eat(e) を含む疑問文は用例が極めて少ないですが、次のような型があります。

1) Wh＋Aux＋(S＋) eat(e)？
   (10) For who can eate? (Ec 2:25)
       (だれが…食い、…ことのできる者があろう。[1982年版])
   (11) Why doe ye eate and drinke with Publicanes and sinners？(Lu 5:30)
       (なぜ、あなたたちは徴税人や罪人などと一緒に飲んだり食べたりするのか。)
2) Wh＋eat(e)＋S？
   (12) Why eateth your master with publicanes & sinners.[6] (Mat 9:11)
       (なぜ、あなたたちのの先生は徴税人や罪人と一緒に食事をするのか。)

この類型は「do 支持」のルールが確立するまでの伝統的な類型です。

3.3 否定疑問文

主動詞 eate を含む否定疑問文は少数の用例しかありません。以下に示す2例の他に1) のタイプがもう1例[7]あります。

1) did＋not＋S＋eat(e)？
   (13) … , did not ye eat *for your selues*, …? (Zec 7:6)
       (あなたたち自身のために食べたり飲んだりしてきただけではないか。)

否定辞 not の位置はまだ現代英語の場合のようになっていません。

2) Wh＋eat(e)＋S＋not？
   (14) …? and why eatest thou not? (1Sa 1:8)
       (なぜ食べないのか。)

この文は主語と動詞の位置の逆転を行っており、「do 支持」を用いていま

せん。

「do 支持」の形を作ってみると次のようになります。

(14') Why doest/dost not thou eat?

この文の音調は (14) よりかなり悪くなってしまいます。これが「do 支持」を採用しない理由であろうと思われます。

3.4 命令文

eat(e) を主動詞とした命令文の用例は多数あります。それらを類型化すると以下のようになります。

1）eat(e)

(15) Sonne of man, eate that thou findest: .... (Eze 3:1)

（人の子よ、目の前にあるものを食べなさい。）

このタイプの用例は命令文43例（旧約32＋新約11）中40例（旧約29＋新約11）に及びます。

2）eat(e)＋S

(16) My sonne, eate thou honie, ... (Pr 24:13)

（わが子よ、蜜を食べてみよ、）

このタイプは旧約に 3 例[8]あるだけです。

3.5 否定命令文

eat(e) の否定命令文を類別すると以下のようになります。

1）eat(e)＋not

(17) Eate not of it raw, nor sodden at all with water, ...: (Ex 12:9)

（肉は生で食べたり、煮て食べてはならない。）

このタイプは 4 例（旧 3 ＋新 1 ）[9]あります。

2）eat(e)＋[Neg＋NP]。

(18) Eate no bread, and drinke no water; (1Ki 13:22)

　　　　（パンを食べるな、水を飲むな…）
　このタイプではこの用例とほぼ同じものが1例[10]あります。
3) eat(e)＋S＋not
　(19) Eate thou not the bread of him …, (Pr 23.6)
　　　　（強欲な者のパンを食べようとするな。）
　このタイプはこれ1例のみです。
4) Neg＋eat(e)
　(20) …, neither eate any vncleane thing: (J'g 13:7)
　　　　（汚れた物も一切食べないように…）
　このタイプは更に1例[11]あります。

3.6　仮定法
eat(e)が仮定法の語形で使われる文法環境を以下に示します。

1) lest 節
　(21) And now lest he … eate and liue for euer: (Ge 3:22)
　　　　（今は、…永遠に生きる者となるおそれがある。）
　lestによる副詞節ではOE以来、仮定法が用いられており、そのルールに沿った用法です。この用例の他に2例[12]あります。
2) if 節
　(22) If any man eate of this bread, he shall liue for euer: (Joh 6:56)
　　　　（このパンを食べる者は永遠に生きる。）
　ifに導かれる条件の副詞節で、やはりOE以来のルールが維持されています。この新約の用例の他に、旧約に1例、新約に3例[13]あります。
3) that 節
　(23) Onely be sure that thou eate not the blood: (De 12:23)
　　　　（ただ、その血は断じて食べてはならない。）
　命令文の中に埋め込まれたthat節中の仮定法です。これ以外にもう1例[14]あります。

4）vntill 節
　(24) … : hee shall not lie downe vntill he eate of the pray, …. (Nu 23:24)
　　（獲物を食らい、…まで／身を横たえることはない。）
　未来の不確実を表わす vntill（＝until）節で用いられた仮定法です。これ以外の用例はありません。
5）whether 節
　(25) The sleepe of a labouring man *is* sweete, whether he eate little or much: (Ec 5:12)
　　（働く者の眠りは快い／満腹していても、飢えていても。）
6）Except 節
　(26) Except yee eate the flesh of the sonne of man, …, yee haue no life in you. (Joh 6:53)
　　（人の子の肉を食べ、…なければ、あなたたちの内に命はない。）
　except が節を取り、if … not に相当する意味を持っています。この節の中では、主語が yee であるので、eate は直説法か仮定法か語形からでは不明ですが、上記のように if 節に相当すること、及び、ギリシャ語原典の eat に相当する語が仮定法語形を取っていることから、この eate は仮定法形であろうと思われます。

3.7　希求法
(27) No man eate fruite of thee hereafter for euer. (Mar 11:14)
　　（今から後いつまでも、お前から実を食べる者がないように）
　この用例は3.1節の(2)で既出のものですが、意味は願望を表わし、eate の語形は仮定法形であるので、希求法の用例といえます。これ以外の用例はありません。

3.8　迂言的過去時制
　既述した(3.1)ように eat(e) の過去は ate もあります(1.1.2)が、通常は did /didst (…) eat(e) として現れます。どのぐらいの頻度数で両方が使われている

かを観察してみましょう。

表5　eate の過去時制

	ate	did/didst (...)eat(e)	合　計
旧　約	2	84	86
新　約	1	32	33
合　計	3	116	119

過去時制を表わす形のうち ate は外典を除けば新約・旧約合わせて3例（2.5％）ですが、迂言的過去形 did/didst (...) eat(e) は116例（97.5％）に及びます。

まず、ate による過去形を用いた例文を見ましょう。

(28) And I tooke the little booke out of the Angles hand, and ate it vp, ...
　　　(Re 10:10)
　　　（わたしは、その小さな巻物を天使の手から受け取って、食べてしまった。）

この用例の ate it vp を did eate it vp にするとぎこちない音調になってしまいます。これが ate 形を選択した理由であろうと思われます。つぎに旧約の例を見ましょう。

(29) I ate no pleasant bread, ... (Da 10:3)
　　　（一切の美食を遠ざけ、）

この用例では何故 ate 形を選択したかの理由が (28) のようには説明できませんが、欽定訳の底本となった BB でもこの箇所は ate を用いており、その影響があった可能性があります。旧約のもう一つの ate の用例を見ます。

(30) They ioyned themselues ...: and ate the sacrifices of the dead. (Ps 106:28)
　　　（彼らは…を慕い／死者にささげた供え物を食べた。）

この用例では BB は did eate としています。欽定訳の訳者は BB には従わず、おそらくは ioyned という動詞に呼応させて ate という直接形を用いたのでしょう。

第 2 章　Eat(e)

つぎに迂言的過去形の用例を類型別にして頻度数を以下に示します。

表 6　did/dist (...) eat(e) の類型

類　　型	旧　約	新　約	合　計
did eat(e)	76	26	102
didst eat(e)	2	1	3
did Adv eat(e)	3	3	6
Adv did S eat(e)	3	1	4
did S eat(e)		1	1
合　　計	84	32	116

did eat(e) と didst eat(e) は過去時制の表示という点では同じ類型として扱うことができると考えられるので、併せて考察します。

1) did/didst eat(e)[15]

(31) And the children of Israel did eat Manna fortie yeeres, ... (Ex 16:35)
　　（イスラエルの人々は、…四十年にわたってこのマナを食べた。）

did eat(e) は旧約76例、新約26例で、合計すると102例になります。didst eat(e) は 2 人称単数主語に対応する形ですが、旧約で 2 例、新約で 1 例あります。従って、この類型は105例になり、迂言的過去形の90％、すなわち、大多数はこの類型で現れます。この105例はすべて肯定平叙文中にあるので、Aux である did/didst は文法的には主に preterite tense marker（過去時制標識）の機能を果たしていると言えます。

2) did Adv eat(e)

(32) I did neither eate bread nor drinke water, ... (De 9:18)
　　（わたしは…パンも食べず水も飲まず…）

この例文の did は past tense marker としてだけでなく、否定語 neither が存在するために使用されたとも考えられます。このように neither ... nor を使用した例はもう一つあります（Ex 34:28）。つぎに Adv の all が挿入された例を示します。

(33) And they did all eat, & were filled: (Mat 14:20)

　　　　（すべての人が食べて満足した。）

　欽定訳には they all という collocation も珍しくないので、they all did eat も可能であると考えられます。すなわち、この用例では Adv の all が did を要求する要素にはなっていないと言えます。これと全く同じ用例が新約にさらに 2 箇所（Mat 15:37, Mar 6:42)、Adv が continually の例が旧約に 1 箇所（Jer 52:33）ありますが、それによって did が必要になったとは考えられません。結局、(33) とその類例 3 例を含め、全部で 4 例は did eat(e) の部類に入れてよいものと考えられます。

3) Adv did S eat(e)

　(34) … : yet did they eate the Passouer…. (2Ch 30:18)

　　　　（それにもかかわらず、彼らは…過越のいけにえを食べた…）

　この用例では Adv が文頭に配置されたので動詞の要素が主語の左側に求められ、did がその役目を負っています。すなわち、did は tense marker 以外の要素も持っています。このような用例が旧約で他に 2 箇所（2Sa 12:17, Eze 3:3B)、新約に 1 箇所（2Th 3:8）あります。

4) did S eat(e)

　(35) And did all eat the same spirituall meat: (1Co 10:3)

　　　　（皆、同じ霊的な食物を食べ、）

　この用例中の all は主語になっています。なぜ主語の all と Aux が位置を逆転させたのでしょうか。この節より少し前に all passed thorow the Sea とあり、次に And were all baptized と続いています。all はすべて主語です。all passed の主・述に対して、主・述を繰り返して all were baptized とはせず、were all として変化を持たせ、その異常性によってこの文全体を際だたせようとしたと考えられます。それを模倣して、all did eat を did all eat に変えたと推測できます。そうであれば、all 自体が did を求めたのではなく、did eat というひとまとまりのものを were all にそろえて分離したにすぎないことになります。このように考えて、この類型も 1) の did eate に含めて良いと思われます。この類型はこの例以外にありません。

　上記 1) から 4) のように考察してくると、did eate の類型として考えてよ

いと思われるのは合計110例（すなわち、102＋3＋4＋1）ということになり、1）で示した90％を超えて95％弱になります。また、eate の過去形のすべて、すなわち、ate 形3例と迂言形116例を合わせて119例中110例が did eate という unit を構成していることになります。結局、eate の過去形は迂言的方法による did eate によるのが原則になっていると言えます。

3.9 受動文

eat(e) の過去分詞は表1で示したように105例あります。その内訳は完了相構文で64例（旧約53・新約11）、受動構文で39例（旧約38・新約1）、受動の形容詞2例（旧約2）となります。受動文を1例見ましょう。

(36) Vnleauened bread shall be eaten seuen dayes: (Ex 13:7)
　　（酵母を入れないパンを七日の間食べる。）

過去分詞の左側に配置される受動構文構成要素の Aux は be 助動詞以外はありません。

3.10 受動文の動作主

受動文39例の内、動作主 Agent を明示したものは新約に1例あります。

(37) ... , and hee was eaten of wormes, ... (Ac 12:23)
　　（ヘロデは蛆に食い荒らされて息絶えた。）

この用例では Agent は前置詞 of によって導かれています。この of の使用は Tyndale 以降 The Revised Version まで引き継がれています。

前置詞によらず、形容詞化された eaten の複合語の要素によって Agent を表示するものが1例あります。

(38) And hee, ... consumeth, as a garment that is moth-eaten. (Job 13:28)
　　（だれでもしみに食われた衣のようになり／朽ち果てるほかはありません。）

4 連語 (Collocation)

4.1 動詞連結

eat(e) と結びつく動詞はどのようなものかを次の表によって示します。

表7　eate と動詞の連結

連語の類型	旧約	新約	小計	合計
eate (,)and drinke	22	10	32	
eating (,)and drinking	6	5	11	
to eate (,)and to drinke	8	1	9	
eateth and drinketh	0	3	3	59
eaten and drunken	0	1	1	
eaten and drunke	0	1	1	
eate (,)nor drinke	0	1	1	
eate or drinke	0	1	1	
eat and be/were Adj	2	0	2	
eat, and live	1	0	1	
eateth and wipeth	1	0	1	
eate and worship	1	0	1	
arise, and eate	3	0	3	4
rise and eate	1	0	1	
kill(,) and eate	1	1	2	
slay and eate	0	1	1	
buy and eate	1	0	1	
roste and eate	1	0	1	
take and eate	0	1	1	

表7によって、eate と結ぶ頻度が高い動詞は drinke であることが判ります。更に、eat(e) の左側で動詞が結びつく例は少ないことも判ります。

4.2 目的語

eat(e) はどのような目的語の名詞・代名詞などと結びつきやすいのかを次

の表の頻度数が示しています。なお、eat(e) of（後述）も目的語を取る動詞として扱っています。また、表中には頻度数が旧約・新約合わせて5以上のものを載せ、これよりも少ないものは表の下部に列挙します。

表8　eat(e) の目的語

目的語	旧約	新約	合計
bread	85	20	105
it	51	5	56
flesh	39	9	48
thing(s)	21	8	29
fruit(s)	23	2	25
thereof	22	2	24
them	19	0	19
that	16	2	18
meat(e)	8	2	10
blood	10	0	10
fat	8	0	8
him	8	0	8
Manna	3	4	7
nothing	2	5	7
passouer	1	6	7
grasse	6	0	6
tree	5	1	6
these	6	0	6
grape(s)	5	0	5
herb(s)	4	1	5
offering(s)	5	0	5

頻度4　food, portion, veniso.n;

頻度3　beasts, corne, good, hony/honie, mee, sacrifices, what;

頻度2　all, butter and hony, carcaise/carkasse, crummes, doung, encrease/ increase, foules, hand, kine, haruest, Iezebel, loaues, morsell, one, people, sonne(s), spoil, straw, roule, store, straw, tithe;

頻度1　ashes, birds, both, butter, children, cluster, dainties, dust, egges, enemies, fathers, fish, flocks and thine heards, floure and honie and oyle, Iacob, inhabitants, labour, lambes, life, little or much, locusts and wild honie, milke, much, nation, ought, part, pastors, pasture, piece, places, pottage, prouender, rammes, remainder, residue, riches, scales, shoulder, sinewe, sinne, such, supper, thee, vine, vineyard, vineyard and Olive-yards, vines and thy figtrees, violence, you, whatsoeuer, wormes.

表8が示しているように頻度数の高いものとして bread, flesh, fruit(s) などが上がって来ます。代名詞の it は多くの場合、bread や flesh などの食べ物の代理をしています。thereof も it の内容を含んでおり、食べ物の代用であることが少なくありません。them も食べ物の代名詞であることが多くなっています。that は指示代名詞だけでなく、今日の what にあたる関係代名詞をも含んでいます。「食べ物」の意味の meat(e) は頻度10で、あまり高くありません。同じ10の頻度で blood があります。なお、欽定訳には eat(e) blood と同様に drinke blood という表現もあります。砂漠を放浪したモーセの民に与えられた Manna は頻度7であまり高くありません。頻度6の tree は eate of the tree のように用いられますが、「木の実を取って食べる」の意味です。頻度数の低い方を見ると、sonne (＝son), children, fathers などの家族関係の語があり、驚愕の念を覚えますが、食料が欠乏した時の描写として旧約聖書に出て来ます。イスラエルの王妃 Iezebel や Iacob など人名まで「食べる」対象として現れます。

5　成　句 (Set Phrase)

5.1　eat(e) of

eat(e) of は多くの場合、この2語で一つの他動詞として扱うことが出来ます。つぎの受動文はその証拠になります。

(1)　… : it shall not be eaten of. (Le 19:23)

　　　（それを食べてはならない。）

すなわち、eat(e) of は「前置詞付動詞」です。詳しく考察すると、この前置詞 of には以下のような意味の違いがあります。例文を見ましょう。

(2) Yes Lord, yet the dogges vnder the table eat of the childrens crummes. (Mar 7:28)
（主よ、しかし、食卓の下の子犬も、子供のパン屑はいただきます。）

この例文の of はいわゆる partitive *of* のうち、of の左側に何も来ない場合にあたります[16]。その意味するところは多くの場合、(2) の場合のように some of です。eat(e) of の大多数はこの範疇に入ります。旧約では 81 例、新約では 15 例あります[17]。つぎの例文を見てください。

(3) Yea, hath God said, Ye shall not eat of euery tree of the garden? (Ge 3:1)
（園のどの木からも食べてはいけない、などと神は言われたのか。）

この例文の of（eat of の of）は separation *of* であると同時に、some fruit of の意味、すなわち、partitive *of* の意味も持っています。この範疇に入る用例は少数です。旧約に 6 例、新約で 1 例あります[18]。

eate of の of に相当する語がヘブル語原典やギリシャ語原典にある場合と無い場合があります。相当する語がある場合の例を (3) の原典で見てみましょう。

(4) לֹא תֹאכְלוּ מִכֹּל עֵץ הַגָּן׃
    (the garden tree from every you shall eat not)

מִכֹּל の מ が of に相当します。

相当する語が無い場合は、釈義上、of を加えて、「部分」や「分離」を明確にしたものと考えられます。

5.2 eat(e) on

(5) … , and he shall eate on the left hand, …. (Isa 9:20)
（左に食らいついても、）

eate on は「噛みつく」bite at の意味だけでなく、文脈から、「体の左側を食いちぎって食する」ことを意味しています。なお、ヘブル語原典には hand に対応する語はありません。従って、文脈から hand は肉体の「手」の意味ではなく、side の意味であると判断できます。(4) 以外の用例はありま

せん。

5.3 eat(e) one's fill

(6) ... , and ye shal eat your fill, and dwell therin in safetie. (Le 25:19)

（あなたたちは十分に食べ、平穏に暮らすことができる。）

この箇所を OED も採例し、to eat until satisfied の意味だと解説しています。加えて、この eat は自動詞の擬似他動詞 quasi-trans. 用法だと判断しています[19]。すなわち、your fill を eat の、見かけ上、目的語と考えることができるということです。しかし、次の例を見ると、quasi-trans. ととらえることには疑問が生じます。

(7) ... , then thou mayest eate grapes thy fill. (De 23:24)

（思う存分満足するまでぶどうを食べてもよいが、）

この用例では eate の目的語 grapes が存在するので thy fill は目的語ではありえません。すなわち、thy fill は様態 manner を表わす副詞句です。このことは OED の名詞の Fill の項[20]で副詞句となることを明確に記しています。

なお、(6) のヘブル語原典の該当箇所はつぎのようになっています。

(8) לְשֹׂבַע   וַאֲכַלְתֶּם

(to satisfaction   and you shall eat)

原典は前置詞を用いた副詞句を使っています、従って、ヘブル語原典は eate one's fill という成句の生成には影響を与えてはいないといえます。なお、(6) や (7) 以外に、これらに類似した以下のような他の表現もあります。

(9) ... : yee shal eat your bread to the full, ... (Le 26:5)[21]

（あなたたちは食物に飽き足り、）

(10) The righteous eateth to the satisfying of his soule: (Pr 13:25)

（神に従う人は食べてその望みを満たす。）

(11) ... ; and they shall haue eaten and filled themselues, ... (De 31:20)

（彼[sic]は食べて満ち足り、）

(12) When thou hast eaten and art full, ... (De 8:10)[22]

（あなたは食べて満足し、）

結局、eate one's fill タイプの用例は (6)、(7) 以外にはありません。

5.4 eat(e) the labour of one's handes

(13) For thou shalt eat the labour of thine handes: (Ps 128:2)

（あなたの手が労して得たものはすべてあなたの食べ物となる。）

この用例では、the labour を eat の目的語と見れば、labour の内容を Revised Standard Version（以後 RSV）がしているように the fruits of the labour[23] と敷衍して読むことになります。他方、the labour を by labour「労働して」という副詞類と考え eate は自動詞ととらえることも出来ます。ヘブル語原典はどのようになっているかを見ましょう。

(14) תֹּאכֵ֑ל כִּ֤י כַּפֶּ֙יךָ֙ יְגִ֣יעַ

(you shall eat   because   your hands   the labour)

原典の語順と欽定訳のそれはかなり異なりますが、名詞 labour と hands の間に、ヘブル語では名詞と名詞の間の of に対応する語は用いないのですけれども、英文ではこれを補い、語順を英語の文法に合わせれば、(13) が生成されます。結局、eate the labour of one's handes という動詞句は Hebraism であると言えます。

5.5 eat(e) one's own flesh

(15) The foole foldeth his hands together, and eateth his owne flesh. (Ec 4:5)

（愚か者は手をつかねてその身を食いつぶす。）

eate one's own flesh「自らの肉を食う」とは何を意味するのでしょうか。RSV は欽定訳に準じているので参考になりませんが、*New International Version* は ruins himself（みずからを滅ぼす）とし、*Contemporary English Version* も *Today's English Version* も「自分の肉体を食べたくなるほど空腹をおぼえる」という解釈から starve to death としています。OED もこの phrase に言及し、「怠惰な人のことを言う」[24]と説明しています。ヘブル語原典を見ましょう。

(16) וְאָכַל אֶת־בְּשָׂרוֹ:
(his own flesh　and eats)

この原典を見れば、AV の訳文は原典の直訳であることが判ります。また、OED によれば、(15) は eat one's own flesh という phrase の初出例なのです[25]。すなわち、この phrase は英訳聖書から英語に取り込まれた Hebraism であるといえます。

6　まとめ

本章では欽定訳聖書で用いられた動詞 eat(e) の状況を、その振舞い (behavior) と成句 (set phrases) を中心に考察してきました。得られた主な知見をまとめておきます。

1．eat(e) の総出現数は AV の外典を除いた本文中に 836 あります。その内の 80％が旧約部分にあります。
2．綴り字については eat と eate の 2 種類あり、それらの使用に関して文法形式は関係せず、eat(e) が配置される行に e を入れる余裕があるかないかという条件によることが多いですが、伝統的な eate に加えて eat が一般化する傾向に便乗した可能性もあります。
3．疑問文や否定文、命令文では伝統的な統語規則によることが多く、「do 支持」による例は少数です。
4．仮定法が使われた文法環境は以下のものです。
    lest 節、if 節、that 節（副詞節）、vntill 節、whether 節、except 節
5．希求法の用例が 1 例あります。
6．eat(e) の過去時制形は ate もごく少数（3 例）ありますが、did/didst eat(e) という迂言法が使われます。
7．eat(e) の右側に来て and や (n)or によって結ばれる動詞は大部分が drink とその変化形です。

第 2 章　Eat(e)　　　　　　　　　　　　　61

8．eat(e) の目的語として配置される名詞は bread が最多ですが、「人肉」をも含んだ flesh、食べ物の代辞としての it や thing(s)、加えて、副詞の thereof が多数あります。用例数は多くはないですが、blood や家族関係を表わす語や人名もあります。

9．成句 eat(e) of では partitive *of* の例が大部分です。この of に該当するヘブル語やギリシャ語はある場合も無い場合もあります。

10．成句 eat(e)one's fill の one's fill は副詞類 Adv と判断できます。また、この成句は Hebraism ではありません。

11．成句 eat(e)the labour of one's handes 及び eat(e)one's own flesh は Hebraism です。

注

* 第 3 章は『愛知県立大学外国語学部紀要（言語・文学編）』第 38 号（2006 年 3 月公刊）の筆者の論文「欽定英訳聖書における動詞 *Eat(e)* の文法」に加筆・修正したものである。

1）*Strong's Exhaustive Concordance* が採例していない De 15:22B を含む。
2）筆者が「KING JAMES NEW TESTAMENT における動詞 Eat の文法」『愛知県立大学外国語学部紀要（言語・文学編）』第 31 号（1999 年 3 月公刊）の第 II 節で示した新約部分の頻度数 eat:27、eate:108 は誤りで、本章の表 3 にあるように 26 および 109 が正しい。
3）12 例は以下の箇所である。

　　旧約　　　Le 6:16B　　Le 8:31B　　Le 17:12B　　Le 22:11B　　Num 18:13
　　　　　　　De 12:27　　1Sam 1:7　　2Kin 4:41　　Da 1:12
　　新約　　　Mat 15:2　　Joh 18:28　　2Th 3:12.

4）欽定訳原典ではハイフンは＝の右肩を少し上げた記号になっている。
5）異綴り字に関する有益な記述が橋本（1995）の序章にある。
6）この例文の終止符（.）に付いては拙論「KING JAMES NEW TESTAMENT における動詞 Eat の文法」で示したように欽定訳の印刷工程上の誤りと考えられる。
7）Jer 22:15.
8）他の 2 例は Isa 36:16　Isa 55:2.
9）他の 3 例は J'g 13:4　　Eze 24:17　　1Co 10:28.
10）1ki 13:9.
11）Es 4:16.
12）Ex 34:15　　De 20:6.
13）Le 22:14 / Ro 14:23　　1Co 8:8A　　1Co 8:8B.
14）2Th 3:12 We command, and exhort by our Lord Iesus Christ that with quietnesse they worke,

and eat their owne bread. この用例では、主語が they で動詞が eat であるから、直説法と区別がつかないが、that 節を統率する主動詞が command, and exhort であること、ギリシャ語原典の eat が対応する動詞が仮定法語形であることから、仮定法語形の eat とも考えられる。

15) 用例箇所は以下の通りである。

did eat(e)	Ge 3:6A	Ge 3:6B	Ge 3:12	Ge 3:13	Ge 18:8	Ge 19:3
	Ge 24:54	Ge 25:28	Ge 25:34	Ge 26:30	Ge 27:25B	Ge 31:46
	Ge 31:54B	Ge 39:6	Ge 40:17	Ge 41:4	Ge 41:20	Ge 43:32A
	Ge 47:22	Ex 10:15	Ex 16:3	Ex 16:35A	Ex 16:35B	Ex 24:11
	Nu 11:5	Nu 25:2	De 9:9	De 32:38	Jos 5:11	Jos 5:12
	J'g 9:27	J'g 14:9	J'g 19:4	J'g 19:6	J'g 19:8	J'g 19:21
	Ru 2:14B	1Sa 1:18	1Sa 9:24B	1Sa 14:32	1Sa 20:34	1Sa 28:25
	1Sa 30:11	2Sa 9:13	2Sa 11:13	2Sa 12:3	2Sa 12:20	2Sa 12:27
	2Sa 19:28	1Ki 13:19	1Ki 17:15	1Ki 19:6	1Ki 19:8	1Ki 19:21
	2Ki 4:44	2Ki 6:29	2Ki 7:8	2Ki 9:34	2Ki 23:9	2Ki 25:29
	1Ch 29:22	2Ch 30:22	Ezr 6:21	Ezr 10:6	Ne 9:25	Job 42:11
	Ps 41:9	Ps 78:25	Ps 78:29	Ps 105:35	Jer 15:16	Jer 41:1
	Da 1:15	Da 4:33	Am 7:4	Zec 7:6A.	(旧約76例)	
	Mat 12:4	Mat 15:38	Mat 26:21	Mar 1:6	Mar 2:26A	Mar 6:44
	Mar 8:8	Mar 14:18	Mar 14:22A	Lu 4:2	Lu 6:1	Lu 6:4A
	Lu 9:17	Lu 15:16	Lu 17:27	Lu 17:28	Lu 24:43	Joh 6:23
	Joh 6:26	Joh 6:31A	Joh 6:49	Joh 6:58	Ac 2:46	Ac 9:9
	Ac 10:41	Ga 2:12.	(新約26例)			
didst eat(e)	2Sa 12:21	Eze 16:13 / Ac 11:3.	(旧約2例、新約1例)			

16) *OED* s.v. Of *prep* 45.

17)

eate:	Ge 2:17	Ge 3:2	Ge 3:3	Ge 3:5	Ge 25:28	Ge 27:19
	Ge 2725A	Ge 27:31	Ge 32:32	Ex 12:43	Ex 12:44	Ex 12:48
	Ex 29:33B	Ex 34:15	Le 6:18	Le 6:29	Le 7:6	Le 7:19
	Le 7:21	Le 7:24	Le 11:8	Le 11:11	Le 11:39	Le 19:25
	Le 22:4	Le 22:6	Le 22:7	Le 22:10A	Le 22:10B	Le 22:11A
	Le 22:11B	Le 22:12	Le 22:13A	Le 22:13B	Le 22:14	Le 25:22A
	Nu 18:11	Nu 18:13	Nu 23:24	De 12:15B	De 12:22B	De 14:8
	De 14:9A	De 14:11	De 14:12	De 14:20	De 14:21A	De 28:31
	De 20:6	De 20:19	Jos 5:11	Jos 5:12	J'g 13:14A	J'g 13:16
	Ru 2:14A	2Sa 12:3	2Ki 7:2	2Ki 7:19	2Ki 18:31	2Ki 23:9
	Ezr 2:63	Ne 7:65	Ps 41:9	Ps 141:4	Pr 1:31	Pr 9:5
	Ec 5:19	Ec 6:2	Eze 4:9	Eze 44:31	Da 1:13.	
eatest:	Ge 2:17.	eateth: Le 7:18,		Le 7:20.		
eaten:	Ge 27:33	Le 19:23	1Sa 14:30	Eze 4:14	Job 31:17B	Jos 5:12
	De 26:14.	(旧約81例)				

	eate:	Mat 15:27	Mar 6:44	Mar 7:28	Lu 22:16	Joh 6:26	Joh 6:50
		Joh 6:56	1Co 10:18	1Co 11:28	Re 2:17.		
	eateth:	Joh 6:58	1Co 9:7A	1Co 9:7B.			
	eating:	1Co 8:4.					
	eaten:	Ac 12:23.	(新約15例)				

18) Ge 3:1　Ge 3:11　Ge 3:17A　Ge 3:17B　Ge 3:17(eaten)　De 20:6 /　Re 2:7.
19) *OED* s.v. Eat *v.* 4.c.
20) *OED* s.v. Fill *sb.*¹ 1.b Hence used with intransitive vbs. as an adverbial phrase: なお、(6) の用例も Fill *sb.*¹ 1. に採用されている。
21) 他に Ex 16:3.
22) 他に De 6:11, De 8:12.
23) *The Abingdon Bible Commentary* は the fruits of his toil と釈義している。
24) *OED* s.v. Eat *v.* 8.c.
25) *OED* は (15) を採例して 1611 Bible と記しているので、AV を指しているが、BB も殆ど同じ訳文にしている。

第 3 章
Go(e)*
（新約部分）

1　Go(e) の用例数

1.1　用例数

新約聖書部分の go(e)[1]及び、その変化形の用例数は以下のとおりです。

表 1　go(e) の定形及非定形の頻度数

		新約聖書
定　形		
go(e)	単数 1 人称・複数全人称・現在形	48
go(e)	単数・複数命令形	89
goest	単数 2 人称・現在形	6
goeth	単数 3 人称・現在形	30
went	単数 2 人称以外の過去形	336
wentest	単数 2 人称・過去	1
	合　計	510
非定形		
go(e)	不定詞	112
going	現在分詞	15
gone	過去分詞	39
going	動名詞	1
	合　計	167
	総　計	677

第 3 章　Go(e)

新約部分にある go(e) の用例は、その変化形をも含めて合計677あります。その内訳は定形で510例、全体の75％になります。非定形は167例で、全体の25％になります。

定形の中では、過去形 went が多く、定形全体の66％になります。2人称単数の過去形 wentest は1例あります。

非定形は不定詞が多く、非定形の67％、112例あります。現在分詞は9％、過去分詞は39例で23％になります。動名詞は1例あります。

2　語　形（Conjugation）

2.1　定　形
go の定形は主語の数や人称、時制、法に応じて以下のようになっています。

2.1.1　現在時制

	直説法 単数	直説法 複数	仮定法／希求法 単数	仮定法／希求法 複数
1人称	I　go(e)	we　go(e)	〈goe〉[2)]	用例なし
2人称	thou　goest	ye　go(e)	用例なし	〈goe〉
3人称	he/it　goeth	they　go(e)	goe	用例なし

2.1.2　過去時制

	直説法 単数	直説法 複数	仮定法 単数	仮定法 複数
1人称	I　went	we　went	用例なし	用例なし
2人称	thou　wentest[3)]	ye　went	用例なし	用例なし
3人称	he/she　went/wēt[4)]	they　went	〈went〉	用例なし

2.2　非定形
go(e) の非定形は表1にも示しましたが、つぎのようになります。

　1）不定詞　　　　go(e), to go(e), for to go[5)]

2）現在分詞　　going
3）過去分詞　　gone
4）動名詞　　　going

3　統　語（Syntax）

3.1　否定文

主動詞としての go(e) 及びその変化形を含む否定文の用例を類型にまとめて以下に示します。

1）go(e)＋not[6]
   (1) Jesus went not with his disciples into the boat, ….（Joh 6:22）
       （イエスは弟子たちと一緒に舟に乗り込まれず、）
   主動詞の後に not を配置する伝統的な否定文です。

2）Aux＋not＋goe[7]
   (2) … disciples, …: who said to Paul through the Spirit, that hee should not goe vp to Hierusalem.（Ac 21:4）
       （かれらは"霊"に動かされ、エルサレムに行かないようにと、パウロに繰り返して言った。）
   Aux は should と would のみで、「do 支持」はありません。

3）Aux＋goe＋no more
   (3) … and he shall goe no more out: ….（Re 3:12）
       （彼はもう決して外へ出ることはない。）
   この類型はこの用例の他にはありません。

4）Aux＋not＋haue gone
   (4) …, ye shall not haue gone ouer the cities of Israel, till the Sonne of man be come.（Mat 10:23）
       （あなたがたがイスラエルの町を回り終わらないうちに、人の子は来る。）

この用例は未来完了相が使われています。この類型はこれ以外にはありません。

5）neither＋go(e)[8]
　(5) Neither went I vp to Ierusalem, …. (Ga 1:17)
　　　（また、エルサレムに上って、…行くこともせず、）
　否定語が文頭に配置されたために S と V が倒置されています。

6）no man＋goe
　(6) That *no man* goe beyond and defraud his brother in *any* matter, …. (1Th 4:6)
　　　（このようなことで、兄弟を踏みつけたり、欺いたりしてはいけません。）
　この用例の goe は仮定法形になっています。この類型はこれ以外にはありません。

3.2　疑問文

go(e) とその変化形を主動詞とする疑問文はあまり多くありません。それらを 3 種類に分けて以下に示します。

1）Yes-No 疑問文（go(e)＋S…?）
「do 支持」は使わずに、主格の人称代名詞と主動詞の位置を倒置させるものが 1 例あります。
　(7) …, and goest thou thither againe? (Joh 11:8)
　　　（またそこへ行かれるのですか。）

2）Yes-No 疑問文（Aux＋S＋go(e)…?）[9]
現代英語のルールと同様に助動詞を使いますが、「do 支持」の例はありません。
　(8) Wilt thou goe vp to Hierusalem, …? (Ac 25:9)
　　　（お前は、エルサレムに上って、…と思うのか。）

3）Wh 疑問文[10]
疑問詞別に見ると、what が 6 例、whither が 3 例、who が 2 例、whom が

1例、why が1例、になります。それぞれについて1例ずつ示します。なお、「do 支持」によるものはなく、who の場合を除けば、伝統的なSとVの転位による構造をとっています。

 (9) What went ye out into the wildernesse to see? (Mat 11:7)
   （あなたがたは、何を見に荒れ野へ行ったのか。）

what を疑問詞にする全用例（6例）とも、文構造も内容もほぼ同様です。また、what はすべて不定詞 to see の目的語になっています。

 (10) Lord, whither goest thou? (Joh 13:36)
   （主よ、どこへ行かれるのですか。）

他の1例はこの用例と同じ構造です。残りの1例は Aux として will を用いています。

 (11) Who goeth about to kill thee? (Joh 7:20)
   （だれがあなたを殺そうというのか。）

残る1例も who goeth の構造になっています。

 (12) Lord, to whom shall we goe? (Joh 6:68)
   （主よ、わたしたちは誰のところへ行きましょうか。）

この他に用例はありません。

 (13) Why goe ye about to kill me? (Joh 7:19)
   （なぜ、わたしを殺そうとするのか。）

この他に用例はありません。

3.3 否定疑問文

この分類に入るもとして、Yes-No 疑問文と Wh 疑問文が各1例あります。両例を示します。両方とも修辞疑問文になっています。

1) doth＋S＋not …, and goeth…?
 (14) …, doth he not leaue the ninetie and nine, and goeth into the mountaines, and seeketh that…? (Mat 18:12)
   （九十九匹を山に残しておいて、…を捜しに行かないだろうか。）

この例では否定辞 not は意味上 leaue … だけでなく、goeth … や seeketh … をも否定の射程内に置くのに、go と seek は定形になっていて、形式的には doth not の領域から出ています。従って、この用例の go は「do 支持」を受けていないことになります。

2) [Wh＋NP]ₛ＋doth＋not …, and go…?

(15) What man … doth not leaue the ninety and nine in the wildernesse, and go after that which is lost, …? (Lu 15:4)
（九十九匹を野原に残して、見失った一匹を見つけ出すまで捜し回らないだろうか。）

この例文は意味については、(14)とほぼ同様ですが、「do 支持」の doth は go … にも力を及ぼしています。疑問文で「do 支持」を得た go(e) としてはこれが唯一のものです。

3.4 命令文

主動詞 go 及び bare 不定詞の go を含む命令文を文法事項によって分類すると次のような結果になります。

表2　命令文の人称別・肯定─否定別頻度数

	肯定命令	否定命令	合計
2人称	83	6	89
1人称	13		13
3人称	5	2	7
合計	101	8	109

2人称主語に対する肯定命令文が最多で83例（76％）、その否定命令は6例（6％）のみです。1人称および3人称への命令文、すなわち、*let-imperative* は肯定と否定合わせて20例（18％）あります。2人称、1人称、3人称の命令文を肯定、否定に分けて、示します。

1) 2人称・肯定命令文[11]

(16) Go thy way for this time, ... (Ac 24:25)
　　（今回はこれで帰ってよろしい。）
２）２人称・否定命令文（Go(e)＋not）[12]
(17) Goe not into the way of the Gentiles, ... (Mat 10:5)
　　（異邦人の道に行ってはならない。）
３）１人称・肯定命令文（let＋Pron＋go(e)）[13]
(18) Let vs now goe euen vnto Bethlehem, ... (Lu 2:15)
　　（さあ、ベツレヘムへ行こう。）
４）３人称・肯定命令文（let＋Pron＋go(e)）[14]
(19) Let them ..., go downe with me, ... (Ac 25:5)
　　（わたしと一緒に下って行って、）
５）３人称・否定命令文（let＋not＋N＋go/let＋Pron＋not＋goe）
(20) ..., let not the Sunne go down vpon your wrath: .... (Eph 4:26)
　　（日が暮れるまで怒ったままでいてはいけません。）

この用例は３人称普通名詞への命令の形をとっており、notがNの左におかれています。残りの１例はつぎのようになっています。

(21) And let him that is on the house top, not goe downe into the house, ... (Mar 13:15)
　　（屋上にいる者は下に降りてはならない。）

この用例ではnotがgoeの直前に置かれています。これはhimを限定する関係節がhimの後に続くことによるのではなくて、let not himという音の連鎖が好い音調を作らないためだと考えられます。

この類型に入る用例は上記２つのみです。

3.5　命令文の主語

　２人称への命令文は主語が添えられるタイプ、"go＋S"型と、そうでないもの、"go"型があります。それぞれの頻度数は下記のとおりです。

第3章　Go(e)

表3　2人称命令文の"go"型と"go+S"型の頻度数

		肯定	否定	合計
"go"型		69	5	74
"go+S"型	go thou	2		2
	go yee	12	1	13
合計		83	6	89

　2人称命令文の合計89例中、"go"型は74例（83％）、"go+S"型は15例（17％）になっています。"go+S"型は go ye が多く、go thou は2例のみです。否定の"go+S"型の用例を示します。
　(22) …: goe yee not therefore after them. (Lu 21:8)
　　　（ついて行ってはならない。）
　主語 yee を加えることによって、感情を込めて意味を強める[15]効果があると思われます。

3.6　完了相

　古英語以来、運動を意味する自動詞は"operator *be*＋過去分詞"によって完了相を構成しましたが、中英語期には have も be に代わって用いられるようになり、近代英語期にはこの現象は一層進むことになりました。
　AV 新約部分では自動詞 go に関する両操作詞の使用頻度は以下のようになっています。

表4　完了相構成の be gone と have gone

	be gone	have gone	合計
動作の完了	1	10	11
動作の結果／結果から派生する状態	25		25
	26	10	36

　operator として be を使った場合と have を選択した場合では、初期近代英語期、すでに意味上差異があったと言われています[16]。すなわち、have は

動作に焦点が置かれる場合、be は動作の結果から出てくる状況・状態に関心の中心が置かれる場合に用いられました。表6はこの使い分けの事実に合わない例が一つあることを示しています。その用例を考察してみましょう。

(23) And when he was gone out into the porch, another maide saw him, ….
　　 (Mat 26:71)
　　（ペトロが門の方に行くと、ほかの女中が彼に目を留め、）

従属文の主語 he（＝ペトロ）は捕らえられたイエスの様子を見るために大祭司の中庭にやって来ました。すると、ペトロがイエスと一緒にいたと証言する女が出てきたので、ペトロはその場から逃げ出すという場面です。"was gone" によって、ペトロが porch のところまで「行った」という動作の完了が意味されており、主節の saw との時間差が表現されています。この用例は操作詞 have による完了と be による結果・状態の区別がまだ完全には出来上っていない未分化の様子を示しているものだと言えるでしょう。

次の2例は内容的には同じ場面で使われているのに、have と be に書き分けられています。

(24) And Jesus immediatly knowing in himselfe that vertue had gone out of him, …. (Mar 5:30)
　　（イエスは自分の内から力が出て行ったことに気づいて、）

長血を患っていた女がイエスの衣に触れた時、女の病は癒されていました。その時、イエスは自分の力が「出て行った」ことに気付きます。すなわち「動作」に焦点が置かれた表現になっています。

同じ場面の記事がルカによる福音書ではイエス自身の言葉として直接話法で書かれています。

(25) …: for I perceiue that vertue is gone out of me. (Lu 8:46)
　　（わたしから力が出て行ったのを感じたのだ。）

この文では、癒す力が出ていった結果、自分には力の一部分が「無くなっている」という「結果から来る状態」に焦点が合わされていると言えます。なお、助動詞の後に完了不定詞を置く用例が2つありますが、いずれも、"Aux＋have gone" です[17]。

(26) …, and hee made as though hee would haue gone further. (Lu 24:28)
（イエスはなおも先へ行こうとされる様子だった。）

3.7 屈折仮定法

AV では if や vntill によって導かれる条件や時の副詞節、lest によって導かれる副詞節などで屈折語尾による仮定法が度々用いられることは寺澤(1969)などで明らかにされていますが、勧告を意図する that の名詞節でも屈折仮定法が使用されています。

(27) For this is the will of God, …, that yee should absteine from fornication: …:
That *no man* goe beyond and defraud his brother in *any* matter,….
(1Th 4:3-6)
（実に神の御心は、…となることです。すなわち、みだらな行いを避け、…このようなことで、兄弟を踏みつけたり、欺いたりしてはいけません。）

先の that 節は助動詞による仮定法、後の that 節は屈折による仮定法になっています。2種類の仮定法表現が混在しても違和感が無かったものと推測されます。

3.8 不定詞

不定詞の用例のうちで現代英語の文法と異なるものを以下に示しておきます。

１）使役動詞 haue につづく to go

(28) Him would Paul haue to go forth with him, …. (Ac 16:3)
（パウロは、このテモテを一緒に連れて行きたかったので、）

この用例では使役動詞 haue が使われ、目的語 him を持ち、その後に to 付不定詞を従えています。今日のルールでは bare 不定詞が用いられます。OED によれば、have＋somebody＋bare infinitive の例文は1662年に初出が見られます[18]ので、AV 出版当時はこのルールは確定していなかった可能性が

あります。なお、この用例では、目的語 him がギリシャ語原典の語順によって影響されて文頭に置かれたため、hiue him go という語順が取れず、そうかといって、haue go という連なりは好ましくないという判断がなされたのかもしれません。付言しておくならば、Rheims Bible もこの例文と同様の訳文にしており、AV はこの影響を受けたとも考えられます。

2）知覚動詞 see につづく to go

(29) a certain man ... Who seeing Peter & Iohn about to go into the Temple, asked an almes. (Ac 3:3)

（彼はペトロとヨハネが境内に入ろうとするのを見て、施しをこうた。）

この用例では seeing の後にその目的語 Peter & Iohn があります。そしてその後ろに to 付不定詞 to go が配置されています。今日のルールであれば bare 不定詞が選択されるべきところです。OED によれば、to 付不定詞も "not uncommon"[19] とあり、Shakespeare の to 付不定詞の用例も記されています。またこの用例では、about to go がひとまとまりとして扱われたために to 付不定詞がそのまま残ったとも考えられます。

3）for to 付不定詞

(30) Paul ... imbraced them, & departed, for to go into Macedonia. (Ac 20:1)

（パウロは弟子達を…励まし、別れを告げてからマケドニア州へと出発した。）

この用例では for to 付不定詞の本来的な意味である「目的」の意味を持って使われています。

4　連　語（Collocation）

4.1　動詞連結

go(e) と接続詞 and で結びつけられる動詞にはどのようなものがあるのかを以下に示します。

第3章 Go(e)

1）go(e) and V

go(e) やその派生形の右側で and によって結ばれる動詞はどのようなものがあるのかを頻度数と共に以下の表に示します。

表5　go(e) and V の動詞とその頻度数

V	頻度数	V	頻度数
tell/told	6	gather	1
sell/sold	3	hanged	1
buy	2	hidde	1
entred	2	ioyned	1
preach/preached	2	learne	1
prepare	2	met	1
sit	2	pray	1
bring	1	see	1
bury	1	shew	1
cast	1	traded	1
digged	1	washed	1

go(e) の右側に配置される動詞は上記のように様々ですが、頻度数は高くありません。最高でも tell の6例です。1例を示します。

(1) And they went and tolde it vnto the residue, ... (Mar 16:13)
　　（この二人も行って残りの人たちに知らせたが、）

go(e) and V の連結はギリシャ語原典では殆どが「分詞＋動詞の定形」という構造になっています。従って and に該当するギリシャ語は書かれていません。すなわち、go and V という連結は構造的には意訳表現と言っていいでしょう。

2）V and go(e)

go(e) を and の右側に配置して結びつく V は1種類、2例しかありません。すなわち、arise and goe と arose and went です。V and go(e) の go(e) は go(e) and V の go(e) と比べると、V との一体感はかなり少ないと思われます。2例ともギリシャ語原典では「分詞＋動詞の定形」で書かれており、構造的にはやはり意訳です。

4.2 go(e)+bare 不定詞

動詞 go(e) の定形に bare 不定詞が続く連語は、今日ではアメリカ英語の口語表現であり、イギリス英語では archaic または dialectal と言われるものです[20]。go(e)+V は以下のようなものがありますが頻度は小さいです。

表6　go(e)+bare 不定詞とその頻度数

go+bare 不定詞	頻度数	go+bare 不定詞	頻度数
goe　shew	2	goe　wash	1
goe　bid	1	goe　worke	1
goe　tell	1		

このような連語の中で使われる go は意味上 redundant な性格を持っていますが、goe shew は goe and shew や goe to shew よりも直接的で、力強さを持っています[21]。1例を示します。

(2) Sonne, goe worke to day in my vineyard. (Mat 21:28)

　　　(子よ、今日、ぶどう園へ行って働きなさい。)

ギリシャ語原典では goe に当たる動詞も定形、つづく動詞も定形になっており、この二つの定形を結ぶ語はありません。このため、英語訳では to 付不定詞を用いるとか、定形を and で並列させることをせず、動詞を接触させて、ギリシャ語原典に出来るだけ近い構造を選択したと考えられます。

4.3 go(e)+to 付不定詞

go(e) and V や go(e)+bare 不定詞と意味上互換性のある連語、go(e)+to 付不定詞には以下のようなものがありますがいずれも頻度数は小さいです。

第3章 Go(e)

表7　go(e)＋to 付不定詞とその頻度数

go＋to 付不定詞	頻度数	go＋to 付不定詞	頻度数
go/ went to make	2	goe to prooue	1
went to see	2	went to sow	1
went to be taxed	1	went to tell	1
goe to prepare	1		

　ギリシャ語原典では to 付不定詞に当たる部分は全て不定詞で書かれています。従ってこの連語は、ギリシャ語表現の転写ですが、英語としても全く自然なものになっています。1例を示します。
(3) And the dragon … went to make warre with …. (Re 12:17)
　　（竜は…と戦おうとして出て行った。）

4.4 go(e)＋about to 付不定詞
　go(e) と to 付不定詞の間に about が挿入され、切迫感を表現しています。1例を示しましょう。
(4) Iewes … went about to kill me. (Ac 26:21)
　　（ユダヤ人たちは…わたしを…殺そうとしたのです。）
　この類型の種類と頻度数を以下に示します。

表8　go(e)＋about to 付不定詞と頻度数

go(e)＋about to 付不定詞	頻度数
goeth/went about to kil(l)	3
went about to slay	1
going about to establish	1
gone about to profane	1

　ギリシャ語原典の該当箇所は「定形＋不定詞」か「分詞＋不定詞」で書かれており、ギリシャ語の不定詞部分が英語の to 付不定詞に移されています。

4.5 goe＋a＋動名詞

前置詞 on の弱形 a を伴い、その後ろに動名詞を置いた構造が 1 例あります。

(5) I goe a fishing. (Joh 21:3)
    （わたしは漁に行く。）

ギリシャ語原典では後半の要素は不定詞で書かれており、これを直訳すれば、go to fish になりますが[22]、この訳よりも、もう一つ音節を加えて go a fishing にした方が全体のリズムが良くなると判断したのだと思われます。

4.6 go(e)＋Ving

今日の英文法ではこの連結の ing 形を現在分詞として扱うことが多いですが、歴史的には前節の「go a 動名詞」から出てきた構造です。従って、このような両面を考慮して、R. Quirk 達のように[23]この Ving は現在分詞とも動名詞とも決めないでおくのが良いと思われます。この連結形が 1 例あります。

(6) … ye all, among whom I haue gone preaching the kindom of God, ….
    (Ac 20:25)
    （わたしは、あなたがたの間を巡回して御国を宣べ伝えたのです。）

ギリシャ語原典でもここの該当箇所は「定形＋分詞」となっており、この構造にほぼ倣って英語訳が作られたと思われます。

4.7 goe＋過去分詞

goe の後ろに過去分詞が置かれたものが 1 例あります。

(7) I goe bound in the spirit vnto Hierusalem, …. (Ac 20:22)
    （わたしは、"霊"に促されてエルサレムに行きます。）

この用例は goe vnto Hierusalem という連鎖の間に bound in the spirit という Adv が挿入されたものです。従って、goe と過去分詞 bound が直接繋がるものではありません。ギリシャ語原典も該当箇所は「受動分詞（＝bound）＋定形（＝go）」となっており、英文もこれを移し換えて作られたものと思

4.8 go(e)＋Adv

go の後ろにはどのような Adv が来るのかを調べると次の表のようになります。但し、前置詞句は除外し、Adv として機能する NP は含めてあります。

表9　go(e)＋Adv の Adv の種類と頻度数

	Adv	頻度数		Adv	頻度数
1	out	69	24	afoote	1
2	one's way(s)	42	25	alwayes	1
3	vp	39	26	a mile	1
4	foorth/forth	27	27	a warfare	1
5	downe	21	28	backe	1
6	away	17	29	backeward	1
7	in	17	30	beyond	1
8	not	12	31	euen	1
9	before	10	32	forward	1
10	astray	4	33	hence	1
11	further	4	34	home	1
12	ouer	4	35	immediately	1
13	also	3	36	neere	1
14	aside	3	37	no more	1
15	thence	3	38	quickly	1
16	about	2	39	rather	1
17	abroad	2	40	round	1
18	againe	2	41	straightway	1
19	in and out	2	42	there	1
20	on	2	43	therefore	1
21	thither	2	44	that same day	1
22	to	2	45	twaine	1
23	a daies journey	1			

out や vp、forth/foorth、down などの頻度が高いのは当然ですが、one's way という NP が第 2 位の頻度になっていることは目を引きます。one's way は go の付加詞（Adjunct）として次のように使われます。

(8)　And they that were sent, went their way, …. (Lu 19:32)

（使いに出された者たちが出かけて行くと、）

　ギリシャ語原典では42箇所全てにおいて one's way に当たる、または one's way を含む表現はありません。すなわち、"go one's way" はギリシャ語の影響をうけていない英語の意訳表現だと言えます。なお、42例中41例が福音書及び使徒言行録、ヨハネの黙示録、すなわち、Second Oxford Company の訳出担当箇所に現れており、ギリシャ語該当語が go を意味する一般的なものであることを考慮すると、"go one's way" はこの訳者グループの特徴を表しているものと言えるでしょう。

　25番目に go の後ろに置かれた alwayes がありますが、つぎのように使われています

(9)　…, the Priestes went alwayes into the first Tabernacle, …. (Heb 9:6)

　　　（祭司たちは…いつも第一の幕屋に入ります。）

　ギリシャ語原典では alwayes に当たる語句は動詞より前に置かれています。それにもかかわらず、英訳文では後置されています。このようにしたのは強弱のリズムを重視したためであろうと考えられます。

4.9　Adv+go(e)

　go(e) の前に置かれる副詞類はどのようなものがあるのか調べると次のようになります。

表10　Adv+go(e) の Adv の種類と頻度数

	Adv	頻度数		Adv	頻度数
1	then	11	6	not	2
2	there	8	7	first	1
3	also	3	8	indeed	1
4	needs	3	9	now	1
5	neither	3			

　then は表9にはないので、専ら go(e) の前に置かれることが判ります。also は表9にも3例あり、go の前にも後ろにも現れることが判ります。needs は3例とも次の例文のように助動詞 must を伴って用いられます。

(10) And hee must needs goe thorow Samaria. (Joh 4:4)
（しかし、サマリヤを通らねばならなかった。）

4.10　go(e)＋Adv₁＋Adv₂

go(e) の後ろに二つの副詞類が置かれる場合、二番目の副詞類 (Adv₂) にはどのようなものが来るのかを以下に示します。但し、前置詞句は含めていません。

表11　go(e)＋Adv₁＋Adv₂ の Adv₂

	Adv₂	頻度数		Adv₂	頻度数
1	againe	9	9	boldly	1
2	out	3	10	both	1
3	together	2	11	early	1
4	a little	1	12	one by one	1
5	alone	1	13	priuately	1
6	also	1	14	quickely	1
7	astray	1	15	straightway	1
8	away	1	16	yet	1

againe 以外は頻度が低く、この様な構造は AV 新約部分には少ないことが判ります。なお、go＋Adv₁＋Adv₂＋Adv₃ の構造を持つ Adv の連鎖で Adv₃ に前置詞句以外のものが来るのは 1 例しかありません。すなわち、goe not vp yet と言う連鎖です[24]。

5　成　句（Set Phrase）

5.1　Goe to now

Come on.「さあ、さあ」などと同等の意味で Go to now という表現があります。

(1) Goe to now, yee rich man, ... (Jas 5:1)
　　（富んでいる人たち、よく聞きなさい。）
ギリシャ語原典では ἄγω（＝ I lead）の命令形を語源に持つもので、呼び

かけに使用する語が使われています。AV の訳者たちは、その語を中英語期から存在する go to/till と言う呼びかけ用の表現に重ねたものです。従って、この表現はギリシャ語の影響を受けたものではありません。

5.2　goe a warfare

「戦争に行く」go to war を goe a warfare と表現しています。この成句は Tyndale 以降、GrB、GeB、BB と伝統的に受け継がれた表現です。用例を見ましょう。

(2)　Who goeth a warfare any time at his owne charges? (1Co 9:7)
　　　（いったいだれが自費で戦争に行きますか。）

a warfare の a は不定冠詞ではなく、前置詞 on が弱化したものです。OED によれば、この表現の初出は1483年で、二番目の用例として1526年の Tyndale の英訳が上の例の箇所で出てきます[25]。ギリシャ語原典には goeth a warfare に相当する VP はありません。あるのは soldiers を意味する名詞のみです。従って、この表現は英語の意訳であり、ギリシャ語の影響はありません。

6　まとめ

本章では動詞 go について、欽定英訳聖書ではどのような言語事実があるのかを調査しました。加えて、その事実がギリシャ語原典とどのような関係にあるのかを考察しました。go に纏わるいくつかの事実がギリシャ語表現に影響されていること、翻訳者たちは語順や表現に関してギリシャ語原典に出来るだけ忠実であろうとしていること、彼らは英語のリズムなど euphony を非常に尊重していることなども明らかになったと思いますが、主要な知見を以下にまとめます。

1．動詞 go(e) の新約部分の用例数は677あります。その内、定形は510で75％、非定形は167で25％になります。定形の中では過去形 went が多く、

定形全体の66％を占めます。

　非定形は不定詞が多く非定形の67％に及びます。
2．動名詞の用例は一つあります。
3．for to 付不定詞は1例あります。
4．「do 支持」による否定文の用例はありません。
5．「do 支持」による疑問文の用例はありません。
6．否定疑問文では「do 支持」による用例があります。
7．否定命令文でも「do 支持」による用例はありません。
8．主語付命令文 go(e)＋S は命令文の17％程度あります。
9．完了相は be gone と haue gone があり、動作の完了は haue gone で、動作の結果・状態は be gone で表します。ただし、be gone が動作の完了に使われたものが1例あります。
10．go(e) and V の V としては tell の頻度が比較的高い。
11．go(e) の右に置かれる Adv では out と one's way の頻度が高い。
12．成句 Goe to now にはギリシャ語原典の影響はなく、英語そのものの表現です。
13．成句 goe a warfare にはギリシャ語原典の影響はなく、英語そのものの表現です。

注

＊　本章は『愛知県立大学外国語学部紀要（言語・文学編）』第27号（1995年3月公刊）の筆者の論文「欽定英訳聖書・新約部分における動詞 Go の文法」に加筆・修正を加えたものである。
1）go は32, goe は217あり、両形の使用上の区別はない。
2）〈　〉は「断定は出来ないが、可能性がある」ことを意味する。
3）Ac 11:3 新約ではこの1例のみ。旧約には13例ある。
4）Lu 2:4.
5）Ac 20:1 新約ではこの1例のみ。
6）go(e)＋not の用例箇所は以下のとおり。
　　Mat 17:21　Mat 18:13　Mat 21:30　Joh 6:22　　Joh 7:8　　Joh 16:7b
　　Joh 18:28　Joh 20:5　　Ac 15:38.
7）Aux＋not＋go(e) の用例箇所は以下のとおり。

　　　　Lu 15:28　　Ac 21:4.
8)　neither＋goe の用例は箇所は以下のとおり。
　　　　Mat 23:13　Ga 1:17.
9)　Yes-No 疑問文（Aux＋S＋go(e)...?）の用例は以下のとおり。
　　　　Mar 6:37　　Joh 6:67　　Joh 7:35　　Ac 25:9　　1Co 6:1.
10)　Wh 疑問文の用例は以下のとおり。
　　　　what:　　　Mat 11:7　　Mat 11:8　　Mat 11:9　　Lu 7:24　　Lu 7:25　　Lu 7:26.
　　　　whither:　　Joh 7:35　　Joh 16:5　　Joh 13:36.
　　　　who:　　　 Joh 7:20　　1Co 9:7.
　　　　whom:　　Joh 6:68.
　　　　why:　　　Joh 7:19.
11)　2 人称・肯定命令文の用例箇所は以下のとおり。
　　　　Mat 2:8　　Mat 2:20　　Mat 8:9　　Mat 5:24　　Mat 5:41b　Mat 8:4
　　　　Mat 8:9　　Mat 8:13　　Mat 8:32　　Mat 9:6　　Mat 9:13　　Mat 10:6
　　　　Mat 17:27　Mat 11:4　　Mat 18:15　Mat 19:21　Mat 20:4　　Mat 20:7
　　　　Mat 20:14　Mat 21:2　　Mat 21:28　Mat 22:9　　Mat 27:65　Mat 25:6
　　　　Mat 25:9　　Mat 26:18　Mat 28:7　　Mat 28:10　Mat 28:19　Mar 1:44
　　　　Mar 2:11　　Mar 5:19　　Mar 5:34　　Mar 6:38　　Mar 7:29　　Mar 10:21
　　　　Mar 10:52　Mar 11:2　　Mar 14:13　Mar 16:7　　Mar 16:15　Lu 5:14
　　　　Lu 5:24　　Lu 7:8　　　Lu 7:22　　Lu 7:50　　Lu 8:48　　Lu 9:60
　　　　Lu 10:3　　Lu 10:10　　Lu 10:37　　Lu 13:32　　Lu 14:10a　Lu 14:10b
　　　　Lu 14:21　　Lu 14:23　　Lu 17:7　　Lu 17:14　　Lu 17:19　　Lu 19:30
　　　　Lu 22:8　　Joh 4:16　　Joh 4:50　　Joh 7:3　　Joh 7:8　　Joh 8:11
　　　　Joh 9:7　　Joh 9:11　　Joh 20:17　Ac 5:20　　Ac 8:26　　Ac 8:29
　　　　Ac 9:15　　Ac 9:6　　　Ac 9:11　　Ac 10:20　　Ac 12:17　　Ac 16:36b
　　　　Ac 22:10　　Ac 24:25　　Ac 28:26　　Re 10:8　　Re 16:1.
12)　Go(e)＋not の用例箇所は以下のとおり。
　　　　Mat 10:5　　Mat 24:26　Lu 10:7　　Lu 17:23　　Lu 21:8.
　　　　なお、neither による否定命令が 1 例ある。(Mar 8:26)
13)　1 人称命令文（*let*-imperative）の用例箇所は以下のとおり。
　　　　Mat 26:46　Mar 1:38　　Mar 14:42　Lu 2:15　　Lu 8:22　　Lu 9:61
　　　　Joh 11:7　　Joh 11:15　Joh 11:16　Joh 14:31　Ac 15:36　　Heb 6:1
　　　　Heb 13:13.
14)　3 人称命令文（*let*-imperative）の用例箇所は以下のとおり。
　　　　Lu 23:22　　Joh 11:44　Joh 18:8　　Ac 16:35　　Ac 25:5.
15)　R. Huddleston & G. Pullum (2002) p. 926.
16)　Charles Barber (1976) pp. 261-2.
17)　Charles Barber (1976) は "For the perfect infinitive after auxiliaries, *have* is the rule." と述
　　　　べている。(p.262) なお、他の 1 例は Mat 10:23.
18)　*OED* s.v. Have *v.* 17.b.

19) *OED* s.v. See *v*. B. 1.e.
20) *OED* s.v. Go *v*. B.32.a.
21) *OED* s.v. Go *v*. B.32.b.
22) Poutsma（1916）は不定詞を使った類似表現、go to hunt は"seems to be rare"だと言っている。(Pt. II, chap. LVII, sec. 6)
23) Randolph Quirk, *et al* (1985) chap. 8, sec. 28.
24) Joh 7:8. ここでは yet の後ろに更に前置詞句の Adv が続く。
25) *OED* s.v. Warfare *sb*. b.

第 4 章
Heare*

1　Heare の用例数

1.1　用例数

heare およびその変化形の用例数は以下の通りです。

表 1　heare の定形及び非定形の頻度数

		旧約聖書	新約聖書	合　計
定　形				
heare	単数 1 人称・複数全人称・現在形など	229	52	281
hearest	単数 2 人称・現在形	7	4	11
heareth	単数 3 人称・現在形	29	22	51
heard	単数 2 人称以外の過去形	207	157	364
heardest	単数 2 人称・過去形	11	0	11
	合　計	483	235	718
非定形				
heare	不定詞	171	92	263
hearing	現在分詞	1	12	13
heard	過去分詞	186	89	275
hearing	動名詞	13	12	25
	合　計	371	205	576
	総　計	854	440	1,294

　AV に出現する heare の用例は、その変化形をも含めて、旧約部分で854、

新約部分で440あり、旧・新約合計すると、1,294例あります。旧約と新約の比率はおよそ、2：1で、用例の66％が旧約部分にあります。これらの用例を定形、非定形で分けると、定形で718例、非定形で576例になります。すなわち、定形の用例が全体の55％、非定形で45％になっており、定形の方が140例余り多いことを示しています。

定形の heare は281の用例がありますが、その内訳を見ますと、表1には出ていませんが、直説法で単数1人称と複数1，2，3人称主語の現在形が合計65例、単数・複数の命令形で202例、仮定法現在形で14例になっています。このことから、定形 heare の約70％余りが命令形で使われていることが判ります。これはこの動詞の特徴的な振舞いとなっています。

定形の hearest（直説法・単数2人称現在形）と heardest（直説法・単数2人称過去形）はともに少数の11例で定形全体の1.5％ずつしかありません。

定形の heard（直説法・複数2人称以外の過去形）の用例は多数あり、364例を数えます。これは、定形全体の約半数、51％になります。

つぎに非定形を観察しましょう。不定詞 heare は263例で、非定形の半数に近い46％になっています。その内訳は、原形不定詞206例、to 付不定詞55例、加えて新約部分に、for to 付不定詞が2例あります[1]。

現在分詞は13例ありますが、その大部分が新約での用例です。旧約には1例しかありません。

過去分詞275例の内訳は、完了相形成のためのものが大部分で216例（79％弱）、受動構造形成のためのものが58例（21％）、完了・受動両構造のためのもの、1例になっています。なお、形容詞として働く用例はありません。

動名詞は旧約・新約それぞれ、13例と12例、合計25例で、大部分が前置詞の目的語（21例）として使われ、残りの4例は主語あるいは文中の補語として機能しています。

2 語 形（Conjugation）

2.1 定 形

heare の定形は主語の人称と数、時制、法に応じて以下のようになっています。

2.1.1 現在時制

	直説法 単数	直説法 複数	仮定法／希求法 単数	仮定法／希求法 複数
1人称	I heare	we heare	用例なし	用例なし
2人称	thou hearest	ye/you heare	heare	用例なし
3人称	he/she heareth	they heare	heare	用例なし

2人称複数の主格代名詞として ye 以外に you も少数ですが現在形の heare と共起しています[2]。

2.1.2 過去時制

	直説法 単数	直説法 複数	仮定法 単数	仮定法 複数
1人称	I heard	we heard	用例なし	用例なし
2人称	thou heardest	ye heard	用例なし	用例なし
3人称	he/she heard	they heard	〈heard〉	用例なし

〈 〉はその可能性があることを示します。

仮定法過去と思われる用例が3人称単数主語で1例あります[3]。

2.2 非定形

heare の非定形は表1にも示しましたが、つぎのようになります。

1) 不定詞　　　heare, to heare, for to heare
2) 現在分詞　　hearing
3) 過去分詞　　heard

4）動名詞　　　hearing

この動詞の基本形の spelling は全て heare で今日の綴りの hear は 1 例もありません。仮定法・希求法の用例は少数あります。

3　統　語（Syntax）

3.1　否定文

主動詞としての heare 及びその変化形を含む否定文の用例を類型にまとめると以下のようになります。

1) heare ＋ not[4]
  (1) Now we know that God heareth not sinners: …. (Joh 9:31)
    （神は罪人の言うことはお聞きにならないと、わたしたちは承知しています。）
  heare の目的語が代名詞の場合には、その代名詞が heare と not の間に入ってきます。
  (2) But Iesus stouped downe, and with his finger wrote on the ground as though he heard them not. (Joh 8:6)
    （イエスはかがみ込み、指で地面に何か書き始められた。[5]）

2) Aux ＋ not ＋ heare/heard
  (3) I crie vnto thee, and thou doest not heare me: …. (Job 30:20)
    （わたしはあなたに向かって叫んでいるのにあなたはお答えにならない。）
  このような「do 支持」による否定文は合計 6 例[6]で、多くはありません。この類型で使われる Aux の多くは「意志」の意を含んだ will や would ですが、その他に少数ですが、might, should, can があります[7]。また、受動文の操作詞 be の変化形、完了文の操作詞 haue や had も少数あります[8]。

3) Aux ＋ no more ＋ be heard または Aux ＋ be ＋ no more ＋ heard[9]

(4) Violence shall no more be heard in thy land, ... (Isa 60:18)
   (破壊と崩壊は領土のうちから絶える。)
この類型で使われる Aux は shall と should です。

4) neither ... heare[10]
   (5) ..., neither yet heard I of it, but to day. (Ge 21:26)
   (わたしも今日まで聞いていなかったのです。)
Adv が文頭に置かれたので V と S が倒置されています。

5) nor heare[11]
   (6) ..., and thou hast praised the gods ..., which see not, nor heare, nor knowe: .... (Da 5:23)
   (見ることも聞くこともできず、何も知らないその神々を、ほめたたえておられます。)

3.2 疑問文
heare を主動詞とする疑問文の用例は 16 例のみで、多くはありません。それらを 3 種類に分けて示します。

3.2.1 Yes-No 疑問文
1) Heare＋S…?
「do 支持」にはよらず、主格の人称代名詞と主動詞の位置を逆転させるものが 1 例あります。
   (7) Hearest thou what these say? (Mat 21:16)
       (子どもたちが何と言っているか、聞こえるか)

2) Aux＋S＋heare…?
この類型の Aux としては did, will, can がそれぞれ 1 例ずつあります。
   (8) Did *euer* people heare the voyce of God ... and liue? (De 4:33)
       (神の声を聞いて、なお生きている…民があったであろうか。)
   (9) Will God heare his cry…? (Job 27:9)
       (その叫びを神は聞いてくださるだろうか。)

(10) can [sic] I heare any more the voice of singing men and singing women? (2Sa 19:35)
　　（男女の歌い手の声も聞こえないのです。）
上記3例はいずれも修辞疑問文になっています。

3.2.2　Wh 疑問文
疑問詞が who のもの6例、how のもの4例、why 1例、wherfore 1例、合計12例あります[12]。それぞれ1例ずつ示しましょう。
(11) Who hath heard such a thing? (Isa 66:8)
　　（誰がこのようなことを聞き）
(12) And how heare we euery man in our owne tongue, …? (Ac 2:8)
　　（どうしてわたしたちは、…故郷の言葉を聞くのだろうか。）
(13) Why heare ye him? (Joh 10:20)
　　（なぜ、あなたたちは彼の言うことに耳を貸すのか。）
(14) Wherfore hearest thou mens words, saying, …? (1Sa 24:9)
　　（…などといううわさになぜ耳を貸されるのですか。）
この類型の疑問文では「do 支持」によるものはありません。

3.3　否定疑問文
否定疑問文は13例あります。それらを3類型に分けて示します。3類型とも Yes-No 疑問文の形ですが、内容は修辞疑問です。

1) Heare＋S＋not…?[13]
(15) Hearest thou not how many things they witnesse against thee? (Mat 27:13)
　　（あのようにお前に不利な証言をしているのに、聞こえないのか）
2) Haue＋S＋not＋heard…?[14]
(16) Hast thou not heard long agoe, how I haue done it, …? (2Ki 19:25)
　　（お前は聞いたことがないのか／はるか昔にわたしが計画を立てていたことを。）

3）Aux＋S＋not＋heare…?[15]

(17) *Should yee* not *heare* the words, …? (Zec 7:7)

　　　（主が…呼びかけられた言葉を知らないのか。）

Aux としては doe も使われます。

(18) …, doe ye not heare the Law? (Ga 4:21)

　　　（あなたがたは、律法の言うことに耳を貸さないのですか。）

「do-支持」を用いた構文にすることよってよい rhythm が生み出されています。AV の英語は保守的だと一般に言われますが、(18)のような新傾向の語法もあります。すなわち、1600年前後になって否定疑問文でも「do 支持」が盛んに使われるようになりましたが、この例ではその当時の新しい傾向が取り入れられています。更にまた、AV の新約部分では否定疑問文の60％強が「do 支持」によっているという語法上の傾向があります[16]。他方、ギリシャ語原典の影響はどうでしょうか。原典ではつぎのようになっています。

　　　…, τὸν νόμον οὐκ ἀκούετε;

　　　(…, the law not ye hear ?)

この文では目的語が文頭に置かれ、強調文の形を取っています。この強調の内容を doe で表そうとした可能性も見逃せません。すなわち、原典の影響も十分考えられます。更に、GrB、GeB、BB でも「do 支持」があり、当然ながら、RV も RSV も do を用いています。結局、(18)の場合、rhythm、語法の傾向、原典、翻訳の伝統などの要素が「do 支持」を選択させる要因になったと考えられます。

3.4　命令文

heare の命令文はすべて肯定文で、旧約部分に多くの用例があります。

1）heare[17]

主格の要素が表示されない通常の命令文です。目的部分が省略される場合もされない場合もあります。

(19) Heare now, O house of Israel; …. (Eze 18:25)

(聞け、イスラエルの家よ。)
(20) Heare what the vniust iudge saith. (Lu 18:6)
(この不正な裁判官の言いぐさを聞きなさい。)

2) heare＋S[18]

2人称主格代名詞が heare の直後に置かれます。原典にはこの主格代名詞に相当する語がある場合も無い場合もあります。1) の類型と同様に目的部分はある場合も省略される場合もあります。

(21) Heare thou in heauen, ... (1Ki 8:43)
(あなたはお住まいである天にいましてそれに耳を傾け、…してください。)

(22) Heare ye therefore the parable of the sower. (Mat 13:18)
(だから、種を蒔く人のたとえを聞きなさい。)

この類型の主格代名詞は文のリズムを整えるためだけではなく、呼格、すなわち、呼びかけのためにも置かれています。次の例はそれをよく表わしています。

(23) Heare all ye people, ... (Mic 1:2)
(諸国の民よ、皆聞け。)

また、複数2人称主語の場合、副詞が文頭に配置されると、主語付の命令文なのか、主動詞と主語の逆転なのか、即断できず、節(verse)全体か1文全部を見て、命令文か、そうでないかを判断する場合があります[19]。次の例がそのようなケースです。

(24) Therefore heare yee the word of the Lord, all Iudah that dwell in the land of Egypt, ... (Jer 44:26)
(それゆえ、エジプトに住むユダのすべての人よ、主の言葉を聞け。)

3.5 自動詞

形態の面から見て自動詞として使われている heare は以下のように分類できます。

3.5.1 完全自動詞

統語的には目的語を持たず、文脈からも動詞の目的になるものが想定されない heare があります。

(25) They *haue* eares, but they heare not: .... (Ps 115:6)
   （耳があっても聞こえず）

この例文の文脈は、偶像には「口があっても話せず、目があっても見えない」し、「耳があっても、聞く能力はない」というものであり、heare は「聞く能力があること」を表わしています。完全自動詞の用例は50例[20]ありますが、それらは全て「聞く能力がある」ことを意味しています。

3.5.2 擬似自動詞[21]

統語的には目的語がありませんが、文脈から目的語が想定される用例があります。そのような振舞いをする heare は形式上は自動詞でも内容的には他動詞であるといえます。以下の2例はそれぞれ目的語の想定が容易です。

(26) ...; yea, when yee make many prayers I will not heare: .... (Isa 1:15)
   （お前たちが…どれほど祈りを繰り返しても、決して聞かない。）

この用例の heare の後ろには you あるいは prayers の代名詞 them が省略されているのは明らかです。

(27) ..., and great multitudes came together to heare, ... (Lu 5:15)
   （大勢の群衆が、教えを聞いたり…するために、集まってきた。）

この例文の文脈は、ハンセン病と思われる病人を癒したイエスのところに、うわさを聞きつけた人々が集まって来た、というところです。この文脈から heare の後に the words of Jesus あるいは what Jesus told them などを補うことができます。上記の日本語はまさにそれを補った訳文になっています。

つぎの例文では省略されたと思われる部分や内容を補うのが前の例文ほど容易ではありません。

(28) ..., let euery man bee swift to heare, ..., slow to wrath. (Jas 1:19)
   （だれでも、聞くのに早く、…また怒るのに遅いようにしなさい。）

この用例はヘブル民族に古くから伝えられた諺を引用したものです。省略

された部分を補えば to hear something general などということになります。

省略されたと考えられる要素を分類すると以下のようになります。
1）代名詞 me：72例、
2）代名詞 thee：8例（すべて旧約部分）、
3）代名詞 him：22例、
4）代名詞 it：37例、
5）代名詞 vs：2例（いずれも旧約部分）、
6）代名詞 them：21例、
7) things unspecified：9例、
8) gospel：10例（すべて新約部分）、
9) the following：2例（いずれも新約部分）、
10) the will of God：1例（新約部分）

3.5.3　前置詞動詞

自動詞 heare に前置詞 of が続く場合、意味の上から2種類に分けられます。

1) heare of＝heare about[22]

「ある事柄について聞く」を表す heare of です。すなわち、of が about や concerning を意味しています。この of は前置詞であり、heare は自動詞ということになりますが、heare of を一体と考えれば他動詞扱いをすることが可能です。この分類に属する用例は、ヘブル語原典およびギリシャ語原典では対応語がある場合も無い場合もあります。対応語があるものを示しましょう。

(29) And when he heard of Iesus, he sent vnto him the Elders of the Iewes, ….
(Lu 7:3)
（イエスのことを聞いた百人隊長は、ユダヤ人の長老たちを使いにやって、…）

この用例における of に対応する原語は περὶ で about を意味しています。

対応語のない用例を見ましょう。

(30) When Iesus heard of it, he departed thence by ship, ...: (Mat 14:13A)
　　　（イエスはこれを聞くと、舟に乗ってそこを去り、）

イエスは洗礼者ヨハネが殺されたことをヨハネの弟子から聞いています。従って、間接的に情報を得た場面ですから、of it は適切な表現だと言えます。原典には of だけでなく、it に対応する語もありません。このように原典にないものを英語訳に加えた場合には AV ではその部分を小文字にするのですが、上の例文ではそれがなされていません。

2) heare of＝heare from[23]

heare from の意味で heare of を使う場合が新約部分に 2 例あります。旧約部分にはありません。

(31) Holde fast the fourme of sound words, which thou hast heard of me, ...
　　　(2Ti 1:13)
　　　（…私から聞いた健全な言葉を手本としなさい。）

原典では of にあたる語は παρ' が使われ、これは from の意味です。現代の英訳版では多くの場合、hear from としています。

3) heare by＝heare from

heare from の意味を持つ heare by という結びつきが 1 例あります。

(32) Lord, I haue heard by many of this man, how much euill hee hath done to thy Saints at Hierusalem: .... (Ac 9:13)
　　　（主よ、わたしは、その人がエルサレムで、あなたの聖なる者たちに対してどんな悪事を働いたか、大勢の人から聞きました。）

by に当たる箇所は原典では ἀπὸ（＝from）であり、この語は受動の Agent を示すために、通常の ὑπό に代わって使用されることがあることから、by にもなりうる語なのです。しかし、なぜ一般的な from を選択しなかったのでしょうか。本項で既に述べたように、heare from の意味は heare of で表され、heare from の例は旧約部分にも新約部分にもありません。すなわち、翻訳者の意識には heare from という結びつきは無く、heare of があったのでしょう。ところが、この箇所では、heare ... of this man の連鎖があり、heare of many of this man とするとぎこちない英文になります。これを避けるために heare by が選択されたと考えられます。

4) heare out of＝heare from

heare from の意味で heare out of という連結が作られた場合が1例あります。

(33) We haue heard out of the Law, that Christ abideth for euer: .... (Joh 12:34)
（わたしたちは律法によって、メシアは永遠にいつもおられると聞いていました。）

out of は原典の ἐκ の翻訳です。この語の訳語は from が一般的であり、heare from の方がよい thythm になると思われますが、上に述べたように、heare from は選択されない状況であり、heare out of になったと考えられます。

3.5.4 擬似前置詞動詞

heare に副詞が伴い、前置詞動詞 heare of と等価になると考えられるものがあります。

1) heare thereof[24]

heare の後に of it の内容を持った thereof が置かれています。

(34) ...: the humble shall heare thereof, and be glad. (Ps 34:2)
（貧しい人よ、それを聞いて喜び祝え。）

thereof に対応する語は原典には書かれていません。旧約部分・新約部分の他の用例すべてについても同様に原典には対応語がありません。

2) whereof ... heare[25]

関係副詞 whereof と共に連語関係を持つ heare が新約部分に2例あります。

(35) ...: and this is that spirit of Antichrist, whereof you haue heard, ... (1Jo 4:3)
（これは、反キリストの霊です。かねて、あなたがたは、その霊がやって来ると聞いていましたが、…）

この用例の場合も他の例の場合も原典には対格の関係代名詞があり、heare of に相当する内容を表しています。

3.6 他動詞

他動詞としての heare は2項動詞であり、通常、1つの目的となる NP ないし補文を取ります。本項では一つの語／語句／節を取るような一般的なタイプを除いていくつかの類型を考察します。

3.6.1 heare＋O＋OC

O と OC は小節や例外節を構成しており、二つの要素は Nexus の関係にあります。OC 部分は現在分詞の場合と不定詞の場合、更に、過去分詞の場合があります。

１）heare＋O＋現在分詞[26]

現代英語では一般に OC 部分が現在分詞であれば、聞いた時点である事柄が進行中であることを示し、不定詞であれば聞く行為が一点ではなく、不定詞で表わされる行為の始点から終点まで、聞くという行為が継続し完了に至ることを含意します。このような差異が AV の場合に言えるかどうか考察してみましょう。

 (36) And he fel to the earth, and heard a voice saying vnto him, Saul, Saul, why persecutest thou me? (Ac 9:4)

 （サウロは地に倒れ、「サウル、サウル、なぜ、わたしを迫害するのか」と呼びかける声を聞いた。）

世俗的な解釈をすれば、一種のトランス状態になったと思われるサウロはイエスの呼びかけを聞いています。聞いた時点で呼びかけが進行するわけですから現代英語の感覚で解釈できることになります。なお、saying にあたるギリシャ語は現在分詞になっています。もう一例見ましょう。

 (37) And I heard a lowd voyce saying in heauen, Now is come saluation, and strength, and the kingdome of our God, and the power of his Christ: for the accuser of our brethren is cast down, which accused them before our God day and night. (Re 12:10)

 （わたしは、天で大きな声が次のように言うのを、聞いた。「今や、

第 4 章　Heare

我々の神の救いと力と支配が現れた。神のメシアの権威が現れた。」我々の兄弟たちを告発する者、昼も夜も我々の神の御前で彼らを告発する者が、投げ落とされたからである。)

　この用例の被伝達部分には内容的に更に2節が含まれます。このように長い被伝達部分を持つものが(37)も含めて5例あります[27]。このような長さになると「聞いた時点で進行中」と把握するよりも、「始点から終点まで」聞くと捉えた方が適切でしょう。したがって、現代英語であれば、不定詞で表現するところであり、現代英語の感覚が必ずしも通用しない部分だと言えるでしょう。なお、ギリシャ語の該当語は現在分詞です。これが機械的に英語の分詞形 saying に置き換えられたと考えられますが、他方、say in heauen よりも saying in heauen の方が発音の点で優れている、すなわち、euphony のために saying が選択されたということも言えます。

2）heare＋O＋不定詞[28]

　heare の目的補語として使われる不定詞は bare 不定詞であり、to 付不定詞の用例はありません。旧約、新約、それぞれから1例ずつ観察しましょう。

　(38) Behold, I heard thy father speake vnto Esau thy brother, ... (Ge 27:6)
　　　（今、お父さんが兄さんのエサウにこう言っているのを耳にしました。）

母親のリベカがそっと聞いたことを次男のヤコブに伝えるという場面です。speaking ではなく speake にしたことによって、リベカはたまたま聞いてしまったのではなく、聞こうとして一部始終を聞いた様子が伝わります。なお、ヘブル語の該当語は Piel 形（強意形）の分詞になっています。

　(39) We heard him say, I will destroy this Temple that is made with hands, and within three dayes I will build another made without hands. (Mar 14:58)
　　　（この男が、「わたしは人間の手で造ったこの神殿を打ち倒し、三日あれば、手で造らない別の神殿を建ててみせる」と言うのを、わたしたちは聞きました。）

　これは、捕えられたイエスが大祭司の屋敷に連れて行かれ、裁判を受けている場面です。イエスにこの不利な証言をした「数人の者」はイエスの話を

聞きに行ったに違いありません。たまたま通りすがりに聞いたのであればI heard him saying とするのが自然です。なお、ギリシャ語の該当語は現在分詞になっています。

以下の2例は共に短い被伝達部を持っていますが、OCに当たる部分が一方は say、他方は saying となっています。どうしてそのようになるのか考えてみましょう。

(40) ..., I heard the voice of the fourth beast say, Come and see. (Re 6:7)
(「出て来い」という第四の生き物の声を、わたしは聞いた。)

(41) And they heard a great voyce from heauen, saying vnto them, Come vp hither. (Re 11:12)
(二人は、天から大きな声があって、「ここに上って来い」と言うのを聞いた。)

先の文 (40) では不定詞を選択し、後の文 (41) で現在分詞を選んだのはなぜでしょうか。被伝達部は類似の内容であり、音声にしたときの長さもほぼ同じです。(41) が殊更「進行中」の状況でなければならない理由はありません。そこで、仮に、(41) の現在分詞を不定詞に置き換えた文にしてみましょう。

(41') And they heard a great voyce from heauen say vnto them, Come vp hither.

この文では say vnto them が詰まった音声状態を作り出し、rhythm が壊されてしまいます。そこで、ing を加え、saying vnto them とすると安定した rhythm ができます。また別の仮定をしてみましょう。もし (41') の say vnto them を say だけにしてみたらどうなるでしょうか。

(41") And they heard a great voyce from heauen say, Come vp hither.

この文は音調の点で何も不足はないと思われます。よい rhythm が保持されています。このように仮定して考えてみると、(41') で rhythm を崩したのは say の後に vnto them があったからだということが判ります。このことを更に検証するために、(40) に vnto me を加えてみましょう。

(40') I heard the voice of the fourth beast say vnto me, Come and see.

vnto me が加わると (40) との比較でやや冗長な感じの rhythm になると思

第 4 章　Heare

われます。つぎに、say を saying にし、comma を saying の前に入れてみましょう。

(40″)　I heard the voice of the fourth beast, saying vnto me, Come and see.

この文ならば rhythm のバランスが取れていると思われます。

　上記の考察から、結局、saying を翻訳者に選ばせたのは vnto them という副詞句が存在したためであり、say が選択されたのは say の後に副詞類が無かったからだということが判ります。結局、上記のような翻訳上の違いは euphony を重要視する翻訳者達の姿勢が表れたものであり、必ずしも意味とは関係がないと考えられます。

3 ）heare＋O＋過去分詞

　目的補語に過去分詞が用いられたものが 1 例あります。

(42)　Whatsoeuer wee haue heard done in Capernaum, doe also here in thy countrey. (Lu 4:23)

　　（カファルナウムでいろいろなことをしたと聞いたが、郷里のここでもしてくれ）

目的語は whatsoeuer です。意味上の時の差と受動の意味を過去分詞 done で表わしています。done に当たる原典の語は第 2 アオリスト受動分詞であり、これを直訳し、過去分詞が選択されたと判断できます。

3.6.2　heare＋O_D＋O_D

直接目的語を 2 つ従える heare が 1 例あります。

(43)　…, I pray thee, that thou wouldest heare vs of thy clemencie a few words. (Ac 24:4)

　　（ご寛容をもってお聞きください。）

この用例では heare vs と heare a few words が混交し、heare vs … a few words の VOO 型が出来上がっています。このように目的語を 2 つ取る例は *OED* に記載があります。その説明と初出例を見ましょう。

**With two objects, as *To hear* (one) *his lessons*: to listen to the recitation of his lessons. 1804 Lady Hunter in *Sir M. Hunter's Jrnl.* (1894) 202, I have heard George and James their lessons. (*OED* s.v. Hear *v.* 4.c.)

　OED の例文は初期近代英語期には珍しくなかった語法、すなわち、[George and James]'s の 's の部分の役目として their を用いたと解釈することもでき、その点では (43) とは質が違う語法と言えますが、単純に直接目的語が 2 つあると考えれば、(43) と同種類であり、AV の (43) の例文の方が古いので、これが初出になるべきです。ギリシャ語原典では次のようになっています。

　　　παρακαλῶ ἀκοῦσαι σε ἡμῶν συντόμως τῇ σῇ ἐπιεικείᾳ
　　　(　I pray　to hear　thee　us　　briefly　of thy clemency)
thee に当たる σε は pray の目的語であり、to hear に当たる動詞の目的語は ἡμῶν 1 つです。AV の a few words に対応する部分はありませんが、briefly に当る語を a few words と意訳した可能性はあります。ともあれ、原典の語法は上記の英語の構文に影響を与えてはいないと判断できます。なお、a few words は Tyndale 以降、GrB や GeB、BB で使われており、それに倣って AV でも使われたと思われます。

3.7　do 支持

　「do 支持」による否定文、疑問文、否定疑問文についてはそれぞれ 3.1、3.2、3.3 で扱いましたので、ここではそれら以外のものを扱います。

1）肯定平叙文

　肯定平叙文で do と共起する heare が旧約で 3 例、新約で 2 例あります[29]。それぞれ 1 例を取って観察してみましょう。

　　(44) ..., and hee did heare my voice out of his Temple, ... (2Sa 22:7)
　　　　（主がその宮からわたしの声を聞かれて、[1955 年改訳]）
　この文で did が用いられた理由は何でしょうか。ヘブル語原典には強調の語形や文体は見えません。従って、原典の影響はないと思われます。それでは音調はどうでしょうか。仮に did を省いた文を作ってみましょう。

　　(44') ..., and hee heard my voice out of his Temple, ...
　こちらの方が (44) の hee did heare という前舌の高母音の連続を避けること

ができるので、発音がし易くなりますし、文の rhythm もよいと思われます。それにもかかわらず、「do 支持」がなぜ選択されたのでしょうか。AV に直接に影響を与えた BB を見る必要があります。

(45) BB: …, and he dyd heare my voyce out of his Temple, ….

BB は AV と同じといえます。すなわち、AV は BB を引き写したと考えられます。では、BB で dyd を用いたのは何故かという問題が出てきますが、残念ながら、BB の語法研究はあまり進んでいませんので、今後の研究の進展を待たざるを得ません。

つぎは新約からです。

(46) Cretes, and Arabians, we doe heare them speake in our tongues the wonderful workes of God. (Ac 2:11)
（クレタ、アラビアから来た者もいるのに、彼らがわたしたちの言葉で神の偉大な技を語っているのを聞こうとは。）

この文で doe が用いられる理由は何でしょうか。ギリシャ語原典には強調の要素はありません。語順もごく普通であり、際だった用語もありません。従って、原典からの影響ではないと考えられます。つぎに、音調はどうでしょうか。doe を省いてみましょう。

(46') …, we heare them speake in our tongues …

としてみると、(46') の方がむしろ音調がよいと思われます。一体、何故 rhythm を悪くするような選択をしたのでしょうか。ギリシャ語原典にその理由が見つけられないとすれば、旧約の場合のように BB を見る必要があります。

(47) BB: Cretes, and Arabians, we doe heare them speake in our tongues the wonderful workes of God.

この文は全く AV と同じです。なお BB 以前の GeB、GrB、更に遡って T では do を用いていません。加えて RV も RSV も do を用いていません。このように観察してくると、(44) の doe は BB を引き写した結果であろうと推論できます。しかし、それでは BB でなぜ doe を用いたのかは、上記の旧約の場合も同じですが、依然として解決しません。これについてはやはり BB

の語法研究の進展を待たねばならないでしょう。

3.8 仮定法
明確な形で heare が仮定法として用いられるのは以下の場合です。

1) if 副詞節[30]
   (48) And if any man heare my words, and beleeue not, I iudge him not. (Joh 12:47)
   （わたしの言葉を聞いて、それを守らない者がいても、わたしはその者を裁かない。）

現在時制で、3人称単数の主語に対応する主動詞が heareth ではなく、heare という基本形を取っているので、仮定法の heare だと判断できます。

2) lest 節
   (49) Also take no heede vnto all words that are spoken; lest thou heare thy seruant curse thee. (Ec 7:21)
   （人の言うことをいちいち気にするな。そうすれば、僕［しもべ（著者注）］があなたを呪っても聞き流していられる。）

現在時制で2人称単数主語ですから、直説法であれば、hearest になりますが、基本形のままですから、仮定法の heare だと判断できます。明確な仮定法はこの用例のみです。

3) before 節
   (50) Doth our Law iudge any man before it heare him, …? (Joh 7:51)
   （我々の律法によれば、まず本人から事情を聞き、…でなければ、判決を下してはならないことになっているではないか。）

現在時制で3人称単数主語ですから、基本形の heare は仮定法です。この用例が唯一のものです。

4) if 副詞節内の that 名詞節
   (51) And if we know that he heare vs, …, we know that…. (1Jo 5:15)
   （わたしたちは、願い事は何でも聞き入れてくださるということが分

かるなら、…ことも分かります。)
　ifの条件節中に主動詞 know の目的となる that 名詞節が置かれています。この名詞節の中で、現在時制、3人称単数主語に基本形 heare が対応していますから、これは仮定法であると判断できます。

3.9　希求法
heare を主動詞とする希求法の用法が1例あります。
(52) The Lord heare thee in the day of trouble, ... (Ps 20:1)
　　　（苦難の日に主があなたに答え…てくださるように。)
　現在時制、3人称単数主語に基本形 heare が対応していますから、直説法ではありません。The Lord が呼びかけになるという可能性も考えられますが、そうすると、thee＝The Lord になってしまいつじつまが合わなくなります。結局、文脈の流れから、「願い事」をしていることが判ります。従って、希求法の用法だということになります。この用例が唯一のものです。

4　連　語（Collocation）

4.1　動詞連結
　heare と接続詞 and で結びつけられる動詞にはどのようなものがあるかを観察します。

1) heare and V
　この類型の結びつきにはつぎのようなものがあります。

表2　heare and V の種類と用例箇所

heare and V	用例箇所
heare　　and afflict	Ps 55:19
heare,　　and feare	De 19:20
heare　　& helpe	2Ch 20:9
heard,　　& knowen	Ps 78:3
heare,　　and learne	De 31:13
heare,　　and say	Isa 43:9
heare　　and see hearing　and seeing heard　　and seen	Mat 11:4 Ac 8:6 Lu 2:20, Re 22:8
heare　　and vnderstand	Mat 15:10
heare,　　and be afraid	Ex 15:14
heard,　　and was glad	Ps 97:8

　and の後ろに配置される動詞にはあまり特徴はありませんが、see が他に比べて多少目立ちます。

2）V and heare

　この類型の結びつきにはつぎのようなものがあります。

表3　V and heare の種類と用例箇所

V and heare	用例箇所
Come　　　and heare	Ps 66:16
hearken　　and heare hearkened　and heard	Isa 28:23B Jer 8:6, Mal 3:16
obserue　　& heare	De 12:28
receiued (,) and heard	Ph'p 4:9, Re 3:3
see　　　　and heare seeing　　　and hearing seen　　　　and heard	Ac 2:33, Ac 19:26 2Pe 2:8 Lu 7:22, Joh 3:32, Ac 4:20, Ac 22:15, 1Jo 1:3
standeth　　and heareth	Joh 3:29

　and の前に配置される動詞としては、see の類が多いのが判ります。また、

heare とその類似の意味をもつ hearken がつぎに多くなっています。hearken が heare の前に置かれるのは、hearken には、現代英語の look と同様に、呼びかけの要素が含まれるからだと思われます。

4.2 Heare と副詞類

heare の直前や直後に配置されて heare を修飾する副詞類は以下のものがあります。

1）Adv＋heare

表4　Adv＋heare の種類と頻度数

Adv＋heare		旧　約	新　約	合　計
not	heare/heard	58	11	69[31]
therefore	heare/heard	11	2	13[32]
then	heare	11		11[33]
yet	heare/heard	3		3[34]
also	heare/heard	2	1	3[35]
now	heare	2	1	3[36]
surely	heare/heard	2		2[37]
certainly	heard	1Sa 23:10		1
no more	heard	Eze 26:13		1
how	heare		Ac 2:8	1
wherfore	hearest	1Sa 24:9		1
why	heare		Joh 10:20	1

heare の直前に置かれる副詞類は否定文の not が最も多く、つぎはかなり少なくなって therefore と then になっています。heare の前に置かれる not は Aux＋not＋heare/heard で現れるものがほとんどです。

2）heare＋Adv

表5　heare＋Adv の種類と頻度数

	heare＋Adv	旧　約	新　約	合　計
heare/heard	not	14	5	19[38)]
heard	no more		3	3[39)]
heare	now	11		11[40)]
heare/heard	thereof	5	3	8[41)]
heard	a farre off	2		2[42)]
heare	diligently	2		2[43)]
heare	therefore	De 6:3	Joh 11:6	2
heare	again	De 18:16		1
heard	also	Eze 3:13		1
heare	attentively	Job 37:2		1
heard	before		Col 1:5	1
heare	likewise	2Sa 17:5		1
heard	onely		Ga 1:23	1
heare/heard	in PLACE	11	1	12[44)]
heare/heard	in Pron	3		3[45)]
heare/heardest	in TIME	2		2[46)]
heare	in all things		Ac 3:22	1
heard	in the light		Lu 12:3	1
heard	in praising	2Ch 5:13		1
heard	in quiet	Ec 9:17		1
heare	in the eare		Mat 10:27	1
heare/heard	with one's eares	7		7[47)]
heare	with vnderstanding	Ne 8:2		1
heard	from PLACE	3		3[48)]
heard	from the beginning		5	5[49)]
heare/heard	out of PLACE	3		3[50)]
heard	out of the Law		Joh 12:34	1
heard	vnto Prop-N	2		2[51)]

heard	to the vtter court	Eze 10:5		1
heard	behind me	Eze 3:12	Re 1:10	2
heard	among the nations	Jer 50:46		1
heard	among vs	J'g 18:25		1
heard	by many		Ac 9:13	1
heare	by the word		Ro 10:17B	1
heare	for the time	Isa 42:23		1
heard	for their much speaking		Mat 6:7	1
heard	on high	Isa 58:4		1
heard	vpon the high places	Jer 3:21		1
heard	against thee	Eze 27:30		1
heare	as the learned	Isa 50:4		1
heard	like it	De 4:32		1

この分類で出てくる not は「do 支持」によらない否定文、すなわち、heare not のパターンで使われるものです。now は heare の前でも後でも置かれています。前置詞句では in によって導かれるものが多く見えます。「耳で聞く」は heare in the eare と heare with one's eares があることが判ります。なお、of 前置詞句は heare of の所（3.5.3）で扱いましたので、省いてあります。

5　成　句 (Set Phrase)

5.1　heare say/tell

主動詞 heare や heard の直後に原形不定詞の say や tell が配置される語法があります。例を示しましょう。

(1) …: and I haue heard say of thee, that thou canst vnderstand a dreame, to interpret it. (Ge 41:15)
（聞くところによれば、お前は夢の話を聞いて、解き明かすことができるそうだが。）

エジプトに連れてこられたヨセフがその夢解きの能力を認められて、ファ

ラオ（エジプト王）のところに召し出された場面です。say は to の付かない不定詞です。say of thee は「あなたについて言う」です。「言う」内容、すなわち say の目的が that 節です。しかし、that 節の内容を言う動作主がありません。この動作主を明確にしない、ないしは、明確にしなくてもよい場合に使われる語法がこの heare say です。文の構造から観察すれば、S＋V＋O＋OC の O が省略されたものと言えます。 上の用例について敷衍して言えば、

(1') …: and I haue heard a certain person say of thee, that….

の a certain person が省略されているのです。

ヘブル語原典の該当箇所はつぎのようになっています。

(2) וַאֲנִי שָׁמַעְתִּי עָלֶיךָ לֵאמֹר

(say　about you　have heard　and I)

ここで、say に当たる語は不定詞形を取っています。これがそのまま英語の不定詞として翻訳された可能性があります。

一方、この語法については OED に以下のような記載があります。

Hence, by ellipsis of such objects as *people, persons, some one*, before the infinitives *say, speak, talk, tell*, the phrases to *hear say, hear tell*, etc., of which some are still in dialectal or colloquial, and occasionally literary, use. (*OED* s.v. Hear *v.*3.c)

これによって、この語法は現代英語でも生きている語法であることが判りますが、更にこの記述の後に挙げられた初出の例文は *Beowulf* からであり、この語法は古英語から生き続けているものであることもわかります。

この語法は結局、英語本来の語法であると同時に、ヘブル語にも同じ語法があったということから、格別、ヘブル語の影響を受けたものではないと言えます。なお、AV には hear say が 9 例、hear tell が 1 例あります[52]。

6　まとめ

第 1 節から、第 6 節まで動詞 haeare の振舞いを観察してきました。以下にその主な知見を記します。

第4章　Heare

1. heare の用例は旧約部分で854例、新約部分で440例、合計1,294例あり、旧約の用例は新約の約2倍、定形は非定形の約1.2倍あります。
2. 単数2人称主語の過去形 heardest は新約には用例がありません。
3. 定形の約70％が命令文で、すべて肯定で使われています。
4. for to 付不定詞は新約部分に2例あります。
5. 現在分詞 hearing は旧約部分には1例しかありません。
6. 形容詞として振舞う過去分詞 heard の用例はありません。
7. 基本形のつづりは heare で今日の hear はありません。
8. 「do 支持」による否定文は6例で、do を使う可能性のある否定文のうちの約20％です。
9. 「do 支持」による疑問文（否定疑問文を含む）は2例で、do を使う可能性のある疑問文の約10％あります。
10. 完全自動詞の heare は「聞く能力がある」ことを意味しています。
11. 擬似自動詞、すなわち、目的語が省略されたと判断される自動詞の用例は184例あり、全用例の14％に及びます。
12. 前置詞動詞 heare of は二つの意味で使われています。すなわち、「～について聞く」と、「～から聞く」です。前者の用例が大部分（68例）で後者はごく少数（2例）です。
13. 「heare＋O＋現在分詞」の構造は、聞いた時点で「事柄が進行中」の場合も、「事柄が始まって終わりまで続く」場合もあります。
14. 「heare＋O＋OC」の構造で OC が現在分詞になるか、原形不定詞になるかはその動詞の後ろに副詞類があるか無いかによると思われます。すなわち、副詞類があれば現在分詞が選ばれ、無ければ comma を前に添えた不定詞が選択されています。選択の理由は「聞く」時点での「進行」とか「継続・完了」の意味にあるのではなく、euphony が重要な要素になっていると考えられます。更に、選択する上で原典の影響はないと思われます。
15. 「heare＋O＋OC」の構造で OC に「to 付不定詞」が選択される例はありません。

16. 「heare＋O＋OC」の OC に過去分詞が使われる場合があります。
17. 「heare＋O_D＋O_D」の構造が新約部分に1例ありますが、ギリシャ語原典の影響ではありません。
18. 「do 支持」が肯定平叙文で使われる場合が旧約で3例、新約で2例あります。
19. 明確な仮定法形は、if 副詞節、lest 節、before 節、if 副詞節内の that 名詞節、で合計8例あります。
20. 希求法の用例が旧約部分に1例あります。
21. heare と他の動詞の結びつきは、heare and see の類が他のものに比べて多くあります。
22. heare の直前に置かれる副詞も、直後に置かれる副詞も、否定文作成のための not が最も多くなっています
23. heare の直後に置かれる前置詞句は in に導かれるものが最多です。
24. heare say という成句が旧約部分に9例ありますが、これは heare の目的語で say の動作主が省略された構文です。この構文は古英語からの伝統的な語法ですが、同種の構文がヘブル語にも存在します。

注

* 本章は『愛知県立大学外国語学部紀要（言語・文学編）』第34号（2002年3月公刊）の筆者の論文「欽定英訳聖書・新約部分における動詞 *Heare* の文法」に旧約部分のデータを加え、全体に修正を加えたものである。
1) for to 付不定詞：Lu 15:1　　　　Lu 21:38.
2) Mk 4:24　Take heed what you heare:
　　　Joh 14:24　..., and the word which you heare, is not mine, ...
　　　また、heare との直結ではないが、
　　　Joh 9:27B　...: wherfore would you heare it again?
　　　なお、上記の例は初版によるもので、後日の版では3箇所とも ye に直されている。
3) Joh 8:6　　... as though he heard them not.
4) この類型の用例箇所は以下のとおり。
　　　1Sa 14:27　Job 3:18　Ps 22:2　　Ps 38:13　Ps 38:14　Ps 115:6
　　　Ps 135:17　Pr 13:1B　Pr 13:8　Isa 42:20　Isa 48:7　Isa 48:8
　　　Jer 5:21B　Jer 7:13　Eze 12:2B / Mat 13:13　Lu 16:31　Joh 8:6

第 4 章　Heare

Joh 8:47　　Joh 9:31A　　Ac 22:9　　1Jo 4:6B.
5）この日本語訳には AV の as though … の部分が欠如している。これは、ギリシャ語原典の異本によるものである。この部分は The Bishops' Bible と AV が採用しているだけで、The Revised Version さえもこの部分を削除しており Tyndale 以降の多くの版が、取り入れていない。
6）do 支持による否定文の用例箇所は以下のとおり。
　　Job 30:20　　Isa 65:12　　Isa 66:4　　Zec 1:4　/　Joh 9:27A　　Joh 10:8.
7）do 以外の Aux が使われる否定文の用例箇所は以下のとおり。
　　will/would: Ge 42:21
　　　　　　　Ge 42:22（この用例には文末に "?" が付いている。これは原典通りではあるが、? はこの文を統括する上位の文全体に付いているものである。）

	Ex 7:16	De 1:43	De 3:26	De 30:17	1Sa 8:18	2Ki 14:11
	2Ki 17:14	2Ki 18:12	2Ch 25:20	Job 35:13	Ps 66:18	Isa 1:15
	Isa 28:12	Isa 30:9	Jer 7:16	Jer 11:14	Jer 13:11	Jer 13:17
	Jer 14:12	Jer 22:5	Jer 22:21	Jer 29:19	Jer 36:25	Eze 8:18
	Am 5:23	Mic 3:4	Hab 1:2	Zec 7:13A	Zec 7:13B	Mal 2:2　/
	Mat 18:16	Ac 3:23	1Co 14:21.	might:	Jer 19:15	Jer 17:23.

　　should:　Zec 7:11　/　Ro 11:8.
　　can:　　 Joh 8:43.
8）操作詞 be: 1Sa 1:13　　Job 19:7　　Ps 19:3　/　Joh 9:32.
　　操作詞 haue: Isa 52:15　　Isa 64:4　　Jer 25:8　　Jer 35:17
　　　　　　　Mic 5:15　/　Mat 13:17　　Lu 10:24　　Ro 15:21.
9）この類型の用例は以下のとおり。
　　Isa 60:18　　Eze 19:9　　Eze 16:13　　Na 2:13.
10）この類型の用例は以下のとおり。
　　Ge 21:26　　1Ki 6:7　　Jer 9:10.
11）この類型の用例は以下のとおり。
　　De 4:28　　Da 5:23　/　Mat 10:14　　Mar 6:11　　Re 9:20.
12）この類型の用例は以下のとおり。
　　who:　　Ps 59:7　　Isa 42:23　　Isa 66:8　　Jer 18:13　　Jer 23:18a　/　Joh 6:60.
　　how:　　Ex 6:12　　Job 25:14　　Jer 4:21　/　Ac 2:8.
　　why:　　Joh 10:20.
　　wherfore: 1Sa 24:9.
13）この類型の用例は以下のとおり。
　　Ru 2:8　/　Mat 27:13　　Mar 8:18.
14）この類型の用例は以下のとおり。
　　1Ki 1:11　　2Ki 19:25　　Job 15:8　　Isa 37:26　　Isa 40:21　　Isa 40:28　/　Ro 10:18.
15）この類型の用例は以下のとおり。
　　shall:　Ps 94:9　　　should: Zec 7:7　　　do: Ga 4:21.

16) 『助動詞 Do』pp. 183-4.
17) この類型の用例は以下のとおり。
　　目的部分が省略される場合：　　　Nu 16:8　　Nu 20:10　　Nu 23:18　　De 5:1
　　De 6:3　　De 6:4　　De 9:1　　De 20:3　　J'g 5:3　　1Sa 22:7　　1Sa 22:12
　　2Sa 20:16　　2Ki 19:16A　　Ne 4:4　　Job 42:4　　Ps 27:7　　Ps 30:10　　Ps 50:7
　　Ps 81:8　　Pr 4:10　　Pr 8:6　　Isa 1:2　　Isa 6:9　　Isa 37:17A　　Isa 44:1
　　Isa 55:3　　Jer 6:19　　Jer 28:15　　Jer 27:20　　La 1:18　　Eze 3:10　　Eze 18:25
　　Eze 40:4　　Eze 44:5　　Da 9:18　　Da 9:19　　Mic 3:1　　Zec 3:8　/　Mat 15:10
　　Mar 12:29　　Ph'p 1:30.
　　目的部分が省略されない場合：　　　Ge 4:23　　Ge 23:6　　Ge 23:8　　Ge 23:11
　　Ge 23:13　　Ge 37:6　　Nu 12:6　　De 1:16　　De 5:27A　　De 12:28　　De 32:1
　　De 33:7　　Jos 3:9　　2Sa 20:17A　　1Ki 18:26　　1Ki 18:37A　　1Ki 18:37B　　2Ki 18:28
　　2Ki 19:16B　　2Ki 20:16　　1Ch 28:2　　2Ch 13:4
　　2Ch 18:18　　2Ch 20:20　　2Ch 28:11　　2Ch 29:5　　Job 5:27　　Job 13:6　　Job 13:17
　　Job 15:17　　Job 21:2　　Job 33:1　　Job 34:2　　Job 34:16　　Job 37:2　　Ps 4:1A
　　Ps 4:1B　　Ps 13:3　　Ps 17:1　　Ps 17:6B　　Ps 28:2　　Ps 38:16　　Ps 39:12
　　Ps 49:1　　Ps 54:2　　Ps 55:2　　Ps 60:5　　Ps 61:1　　Ps 64:1　　Ps 69:13
　　Ps 69:16　　Ps 69:17　　Ps 84:8　　Ps 86:1　　Ps 102:1　　Ps 119:145　　Ps 119:149
　　Ps 130:2　　Ps 140:6　　Ps 143:1　　Ps 143:7　　Pr 1:8　　Pr 4:1　　Pr 5:7
　　Pr 8:33　　Pr 19:20　　Pr 22:17　　Isa 1:10　　Isa 28:14　　Isa 32:9　　Isa 28:13A
　　Isa 28:23B　　Isa 37:17B　　Isa 39:5　　Isa 47:8　　Isa 51:21　　Isa 66:5　　Jer 5:21A
　　Jer 7:2　　Jer 9:20　　Jer 22:2　　Jer 22:29　　Jer 31:10　　Jer 34:4　　Jer 42:15
　　Jer 44:24　　Jer 49:20　　Eze 2:8　　Eze 3:17　　Eze 6:3　　Eze 16:35　　Eze 20:47
　　Eze 25:3　　Eze 33:30　　Eze 34:7　　Eze 36:1　　Eze 36:4　　Eze 37:4　　Da 9:17
　　Ho 4:1　　Joe 1:2　　Am 3:1　　Am 4:1　　Am 8:4　　Mic 3:9　/　Mat 21:33
　　Mar 9:7　　Lu 9:35　　Lu 18:6　　Ac 2:22.
18) この類型の用例は以下のとおり。
　　目的部分が省略される場合：　　　1Ki 8:30　　1Ki 8:32　　1Ki 8:34　　1Ki 8:39
　　1Ki 8:43　　2Ch 6:21　　2Ch 6:23　　2Ch 6:25　　2Ch 6:27　　2Ch 6:30　　2Ch 6:33
　　Ps 66:16　　Pr 23:19　　Isa 7:13　　Isa 18:3　　Isa 42:18　　Jer 6:18　　Jer 13:15
　　Am 3:13　　Mic 1:2.
　　目的部分が省略されない場合：　　　Ge 49:2　　1Ki 8:45　　1Ki 8:49　　1Ki 22:19
　　2Ki 7:1　　2Ch 6:35　　2Ch 6:39　　2Ch 15:2　　Isa 33:13　　Isa 36:13　　Isa 48:1
　　Isa 48:16　　Jer 2:4　　Jer 10:1　　Jer 11:2　　Jer 11:6　　Jer 17:20　　Jer 19:3
　　Jer 21:11　　Jer 28:7　　Jer 29:20　　Jer 44:26　　Jer 50:45　　Eze 13:2　　Ho 5:1
　　Am 5:1　　Am 7:16　　Mic 6:1A　　Mic 6:2　　Mic 6:9　/　Mat 3:18　　Mat 17:5
　　Ac 22:1.
19) (23) の他に、Jer 6:18　　Jer 50:45.
20) 完全自動詞の用例は以下のとおり。
　　Ge 21:6　　De 4:28　　2Sa 18:12　　2Ki 4:31　　Job 33:8　　Job 42:5　　Ps 10:17

第 4 章　Heare

Ps 38:13	Ps 38:14	Ps 94:9	Ps 115:6	Ps 135:17	Pr 20:12	Ec 1:8
Isa 11:3	Isa 32:3	Isa 33:15	Isa 50:4	Isa 59:1	Isa 59:2	Jer 5:21B
Eze 3:27	Eze 9:5	Eze 10:13	Eze 12:2A	Da 5:23 /	Mat 11:5A	Mat 11:15B
Mat 13:9	Mat 13:13	Mat 13:14	Mat 13:15A	Mat 13:15B	Mat 13:16	Mat 13:43
Mar 4:9	Mar 4:23	Mar 7:16	Mar 7:37	Mar 8:18	Lu 7:22	Lu 8:8 A
Lu 8:10	Lu 14:35	Ac 28:26	Ac 28:27	1Co 12:17A	1Co 12:17B	Heb 5:11
Re 9:20.						

21) 擬似自動詞の用例を省略された要素によって示せば、以下のとおり。

　　(1) 代名詞 me:

	Nu 16:8	Nu 20:10	Nu 23:18	De 1:43	De 6:3
	De 30:17	J'g 5:3	1Sa 22:7	1Sa 22:12	2Sa 20:16
	2Sa 22:45	Ru 2:8	Ne 4:4	Job 42:4	Ps 4:3
	Ps 22:2	Ps 27:7	Ps 30:10	Ps 38:15	Ps 50:7
	Ps 55:19	Ps 66:16	Ps 81:8	Pr 4:10	Pr 8:6
	Pr 23:19	Isa 6:9	Isa 7:13	Isa 37:17A	Ps 44:1
	Isa 48:14	Isa 55:3	Isa 65:12	Isa 66:4	Jer 6:10
	Jer 6:18	Jer 6:19	Jer 7:13	Jer 13:11	Jer 13:15
	Jer 17:23	Jer 27:20	Jer 28:15	Jer 29:19	Jer 35:17
	La 1:18	Eze 2:5	Eze 3:27	Eze 18:25	Eze 40:4
	Eze 44:5	Da 9:18	Da 9:19	Am 3:13	Mic 1:2
	Mic 3:1	Hab 1:2	Zec 1:4	Zec 3:8	Mal 2:2
	/ Mat 11:15	Mat 13:9B	Mat 13:43B	Mat 15:10	Mar 4:23B
	Lu 6:27	Lu 6:49	Lu 8:8B	Lu 8:18	Lu 14:35
	Joh 9:27A	2Ti 4:17.			

　　(2) 代名詞 thee:

| | Ex 15:14 | Ex 20:19 | 1Sa 3:9 | 1Sa 3:10 | Jer 22:21 |
| | Eze 3:11 | Eze 12:2B | Ho 2:21A. | | |

　　(3) 代名詞 him:

	Ge 27:5	Ge 42:21	Ge 45:2	Ex 22:27	1Sa 17:28
	2Ki 19:16A	2Ch 6:23	2Ch 25:20	Ps 22:24	Isa 1:2
	Isa 28:12	Isa 34:1A	Isa 34:1B	Da 12:8	Zec 7:11
	Zec 7:13A /	Lu 5:15	Lu 22:71	Ac 18:8	Ac 15:21
	Ac 25:23	Ro 15:21.			

　　(4) 代名詞 it:

	Ge 42:22	Ex 7:16	Nu 30:5	De 4:33	De 13:11
	De 17:13	De 19:20	De 21:21	De 31:11	Ne 8:2
	1Sa 13:31	Sa 23:11	2Sa 14:16	2Sa 18:5	1Ki 8:30
	1Ki 8:30	1Ki 8:34	1Ki 8:39	1Ki 8:43	2Ki 14:11
	2Ch 6:21	Ps 34:17	Ps 48:8	Ps 97:8	Pr 21:28
	Isa 18:3	Isa 40:21	Isa 43:9	Jer 26:11	Ho 7:12
	Hab 3:16 /	Mar 4:15	Lu 8:14	Joh 5:25B	Ac 2:8
	Heb 3:16	Re 22:17.			

　　(5) 代名詞 vs:

| | Ex 19:9 | 2Ch 20:9. | | | |

　　(6) 代名詞 them:

| | De 29:4 | De 31:13 | 1Ki 8:32 | 2Ki 17:14 | 2Ch 6:21 |

		2Ch 6:25	2Ch 6:27	2Ch 6:30	2Ch 6:33	2Ch 7:14
		Ne 9:29	Isa 1:15	Isa 42:20	Isa 42:23	Isa 65:24
		Jer 8:6	Jer 25:4	Eze 3:10	Zec 7:13B /	Ro 10:18
		Re 22:8B.				

(7) things unspecified: Pr 1:5   Ec 5:1   Isa 42:18 / Mat 13:14 Mar 4:12
                        Lu 8:10 Ac 28:26 Ac 28:27   Jas 1:19.
(8) gospel: Mar 4:24 Lu 8:12 Lu 8:13   Joh 6:45   Ro 10:14   Ro 10:17A
                        Ro 10:17B Ga 3:2   Ga 3:5   Re 3:3.
(9) the following: Mar 7:16B Re 13:9.
(10) the will of God: Joh 5:30.

22) heare of＝heare about の用例は以下のとおり。
    Ge 21:26   Ex 18:1   De 17:4   Jos 7:9   Jos 22:12 1Sa 2:23   1Sa 13:3
    1Sa 31:11 2Sa 5:17B 2Sa 10:7   2Sa 13:21 1Ki 3:28   1Ki 4:34   1Ki 8:42
    1Ki 10:1   1Ki 10:6   1Ki 12:2   2Ki 9:30   2Ki 21:12 1Ch 19:8   1Ch 14:8B
    2Ch 9:1   Ne 2:10   Es 1:18   Job 2:11   Job 26:14 Job 42:5   Ps 18:44
    Ps 132:6   Isa 16:6   Isa 21:3   Isa 21:10 Isa 33:15 Jer 41:11 Jer 46:12
    La 1:21B   Eze 19:4   Da 5:14   Da 5:16 / Mat 14:1   Mat 14:13A Mat 24:6
    Mar 3:21   Mar 5:27   Mar 6:14   Mar 6:29   Mar 7:25   Mar 13:7   Lu 7:3
    Lu 9:7   Lu 21:9   Lu 23:6   Job 8:26   Ac 9:13   Ac 14:14   Ac 17:32
    Ac 23:16   Ac 28:15   Ro 10:14   Eph 1:15   Eph 3:2   Ph'p 1:27 Ga 1:13
    Col 1:4   Col 1:5   Col 1:6   Ph'm 5   Jas 5:11.

23) heare of＝heare from の用例は以下のとおり。
    Joh 8:40   1Th 2:13.
24) heare thereof の用例は以下のとおり。
    Jos 9:1   1Ki 13:26 1Ki 15:21 Ne 6:16   Ps 34:2 / Mat 22:7   Mat 14:13B
    Mar 6:16.
25) whereof … heare の用例は以下のとおり。
    Col 1:5   1Jo 4:3.
26) heare＋O＋現在分詞の用例は以下のとおり。
    1Sa 24:9   Job 4:16   Job 33:8   Isa 6:8   Jer 4:31   Jer 26:7   Jer 31:18
    Eze 3:12   Eze 35:12 Eze 43:6   Da 8:13 / Mar 12:28 Ac 11:7   Ac 9:4
    Ac 22:7   Ac 26:14   Re 8:13   Re 9:13   Re 10:4   Re 11:12   Re 12:10
    Re 14:13   Re 16:1   Re 18:4   Re 19:1   Re 19:6   Re 21:3.
27) 他の 4 例は Re 18:4   Re 19:1   Re 19:6   Re21:3.
28) heare＋O＋不定詞の用例は以下のとおり。
    Ge 27:6   Ge 37:17   Nu 11:10 / Mar 14:58 Lu 18:36   Joh 1:37   Joh 1:40
    Ac 2:6   Ac 2:11   Ac 6:11   Ac 6:14   Ac 8:30   Ac 10:46   Ac 14:9
    Re 6:3   Re 6:5   Re 6:6   Re 6:7   Re 11:12   Re 16:5   Re 16:7.
29) 肯定平叙文における「do 支持」は以下のとおり。
    Ex 32:18   2Sa 20:17B 2Sa 22:7 / Mat 11:4   Ac 2:11.

第 4 章　Heare

30) if 節中の仮定法の用例は以下のとおりです。
    Le 5:1　　Nu 30:4　　1Sa 16:2 / Joh 12:47　　Re 3:20.
31) not＋heare/heard の用例は以下のとおり。
    Ge 42:21　　Ge 42:22　　Ex 7:16　　De 1:43　　De 3:26　　De 30:17　　1Sa 1:13
    1Sa 8:18　　1Ki 1:11　　2Ki 14:11　　2Ki 17:14　　2Ki 18:12　　2Ki 19:25　　2Ch 25:20
    Ne 9:29　　Job 19:7　　Job 30:20　　Job 35:13　　Ps 19:3　　Ps 66:18　　Ps 94:9
    Ec 9:16　　Isa 1:15　　Isa 28:12　　Isa 30:9　　Isa 37:26　　Isa 40:21　　Isa 40:28
    Isa 52:15　　Isa 59:2　　Isa 64:4　　Isa 65:12　　Isa 66:4　　Isa 66:19　　Jer 7:16
    Jer 11:14　　Jer 13:11　　Jer 13:17　　Jer 14:12　　Jer 17:23　　Jer 19:15　　Jer 22:5
    Jer 22:21　　Jer 25:8　　Jer 29:19　　Jer 35:17　　Jer 36:25　　Eze 8:18　　Am 5:23
    Mic 3:4　　Mic 5:15　　Hab 1:2　　Zec 1:4　　Zec 7:7　　Zec 7:11　　Zec 7:13A
    Zec 7:13B　　Mal 2:2　/　Mat 13:17　　Mat 18:16　　Lu 10:24　　Joh 9:32　　Joh 10:8
    Ac 3:23　　Ro 10:18　　Ro 11:8　　Ro 15:21　　1Co 14:21　　Ga 4:21.
32) therefore＋heare/heard の用例は以下のとおり。
    2Ch 18:18　　Isa 47:8　　Isa 51:21　　Jer 6:18　　Jer 27:20　　Jer 42:15　　Jer 44:26
    Jer 49:20　　Jer 50:45　　Eze 3:17　　Am 7:16 / Joh 8:47　　Joh 19:8.
33) then＋heare の用例は以下のとおり。
    1Ki 8:32　　1Ki 8:34　　1Ki 8:39　　1Ki 8:45　　1Ki 8:49　　2Ch 6:25　　2Ch 6:27
    2Ch 6:30　　2Ch 6:33　　2Ch 6:35　　2Ch 6:39.
34) yet＋heare/heard の用例は以下のとおり。
    Jer 9:20　　Jer 34:4　　Da 10:9A.
35) also＋heare/heard の用例は以下のとおり。
    Ge 30:6　　Ex 6:5　/　Ac 15:22A.
36) now＋heare の用例は以下のとおり。
    2Ch 28:11　　Isa 44:1 / Ph'p 1:30.
37) surely＋heare/heard の用例は以下のとおり。
    Ex 22:23　　Jer 31:18.
38) heare/heard＋not の用例は以下のとおり。
    1Sa 14:27　　Job 3:18　　Ps 22:2　　Ps 38:13　　Ps 38:14　　Ps 115:6　　Ps 135:17
    Pr 13:1B　　Pr 18:8　　Isa 42:20　　Isa 48:8　　Jer 5:21B　　Jer 7:13　　Eze 12:2B　/
    Mat 13:13　　Lu 16:31　　Joh 9:31A　　Ac 22:9　　1Jo 4:6B.
39) heard＋no more の用例は以下のとおり。
    Re 18:22A　　Re 18:22B　　Re 18:23.
40) heare＋now の用例は以下のとおり。
    Nu 12:6　　Nu 20:10　　1Sa 22:7　　1Sa 22:12　　Isa 51:21　　Jer 5:21A　　Job 13:6
    Jer 27:20　　Jer 28:15　　Eze 18:25　　Zec 3:8.
41) heare/heard＋thereof の用例は以下のとおり。
    Jos 9:1　　1Ki 13:26　　1Ki 15:21　　Ne 6:16　　Ps 34:2 /　Mat 22:7　　Mat 14:13B
    Mar 6:16.
42) heard＋a farre off の用例は以下のとおり。

Ne 12:43   Ezr 3:13.
43) heare+diligently の用例は以下のとおり。
Job 13:17   Job 21:2.
44) heare/heard+in PLACE の用例は以下のとおり。
Ge 45:16   Ru 1:6   1Ki 6:7   1Sa 25:4   So 2:12   Isa 42:2   Jer 31:15
Jer 33:10   Jer 49:2   Jer 49:21   Jer 51:46 / Mat 11:2.
45) heare/heard+in Pron の用例は以下のとおり。
Isa 65:19   Jer 6:7   Eze 36:15.
46) heare/heardest+in TIME の用例は以下のとおり。
Jos 14:12   Zec 8:9.
47) heare/heard+with one's eares の用例は以下のとおり。
2Sa 7:22   1Ch 17:20   Ps 44:1   Jer 26:11   Eze 3:10   Eze 40:4   Eze 44:5.
48) heard+from PLACE の用例は以下のとおり。
Ps 76:8   Jer 8:16   Jer 18:22.
49) heard+from the beginning の用例は以下のとおり。
1Jo 2:7   1Jo 2:24A   1Jo 2:24B   1Jo 3:11   2Jo 6.
50) heare/heard+out of PLACE の用例は以下のとおり。
Ex 23:13   2Sa 15:35   Jer 9:19.
51) heard+vnto Prop-N の用例は以下のとおり。
Isa 10:30   Isa 15:4.
52) heare say/tell の用例は以下のとおり。
say: Ge 41:15   De 9:2   De 13:12   Jos 22:11   1Sa 13:4   2Sa 19:2
1Ki 16:16   2Ki 19:9   Isa 37:9A.
tell: Nu 21:1.

第 5 章
Make*

(新約部分)

1　Make の用例数

1.1　用例数

新約聖書部分の make 及び、その変化形の用例数は以下のとおりです。

表 1　make の定形及び非定形の頻度数

		新約聖書
定　形		
make	単数 1 人称・複数全人称・現在形	25
make	単数・複数命令形	26
makest	単数 2 人称・現在形	6
maketh	単数 3 人称・現在形	21
made	単数 2 人称以外の過去形	66
madest	単数 2 人称・過去	2
	合　計	146
非定形		
make	不定詞	93
making	現在分詞	13
made	過去分詞	218
making	動名詞	0
	合　計	324
	総　計	470

新約部分にある make の用例は、その変化形をも含めて合計470です。その内訳は定形で146例あり、全体の31％になります。非定形は324例で、全体の69％になります。
　定形では、make 形の約半分は命令文で使われています。2人称形は単数も、表には出ていませんが複数も1桁の用例しかありません。
　非定形では、不定詞が93例で非定形全体の29％ありますが、その内訳は、表には出ていませんが、bare 不定詞63例（68％）、to 付不定詞29例（31％）、for to 付不定詞1例（1％）となっています。過去分詞は受動文で143例（65.6％）、完了文で53例（24.3％）、完了・受動文で4例（1.8％）、更に、形容詞として働き、NP を修飾するもの17例（7.8％）、過去分詞構文の文頭に配置されたもの1例（0.5％）、の用例に分かれます。making は現在分詞としての用例のみで、動名詞の用例はありません。

2　語　形（Conjugation）

2.1　定　形

　make の定形は主語の数や人称、時制、法に応じて以下のようになっています。

2.1.1　現在時制

	直説法 単数	直説法 複数	仮定法／希求法 単数	仮定法／希求法 複数
1人称	I　make	we　make	〈make〉	用例なし
2人称	thou　makest	ye　make	make	用例なし
3人称	he/it　maketh	they　make	make	用例なし

〈　〉は仮定法の可能性があることを示します。
仮定法／希求法は複数では用例がありません。

2.1.2 過去時制

	直説法			仮定法
	単　　数	複　　数	単数　　複数
1人称	I　　　made	wee　　made	全て用例なし
2人称	thou　madest	ye　　made	
3人称	he/she made	they　made	

仮定法・過去の用例はありません。

2.2 非定形

非定形は表1にも示しましたが、下記のようになります。
1) 不定詞　　　make, to make, for to make
2) 現在分詞　　making
3) 過去分詞　　made
4) 動名詞　　　用例なし

3 統　語 (Syntax)

3.1 否定文[1)]

主動詞としての make 及びその変化形を含む否定文の用例を類型にまとめると以下のようになります。

1) make＋not
  (1) And hope maketh not ashamed, ... (Ro 5:5)
      (希望はわたしたちを欺くことはありません。)
  従来型の否定構造ですが、この用例以外にはありません。
2) Aux＋not＋make/made
  (2) ..., because thou canst not make one haire white or blacke. (Mat 5:36)
      (髪の毛一本すら、あなたは白くも黒くもできないからである。)
  (3) ..., that the Law is not made for a righteous man, ... (1Ti 1:9)

（律法は、正しい者のために与えられているのではなく、）
3 ）Aux＋made＋not＋PP
  (4) Priest, Who is made not after the Law of a carnall commandement, but …. (Heb 7:16)
    （この祭司は、肉の掟の律法によらず、…立てられたのです。）
  この文の not は文否定ではなく、前置詞句の否定に用いられています。
4 ）make＋nothing (O)
  (5) For the Law made nothing perfect, …. (Heb 7:19)
    （律法が何一つ完全なものにしなかったからです）
5 ）made＋O＋Neg phrase (OC)
  (6) … Iesus: Who …: But made himself of no reputation, …. (Ph'p 2:7)
    （キリストは…かえって自分を無にして、）
  否定文で使われる Aux は be, can, should のみで、do はありません。

3.2　疑問文
　make を主動詞とする疑問文の用例を類型別に整理すると以下のようになります。

1 ）Yes-No 疑問文（Aux＋S＋make…?）[2]
  (7) Do we then make void the lawe through faith? (Ro 3:31)
    （それでは、わたしたちは信仰によって、律法を無にするのですか。）
  (8) Can yee make the children of the Bride-chamber fast, …? (Lu 5:34)
    （婚礼の客に断食させることがあなたがたにできようか。）
  この類型で使われる Aux は do, can, shall です。なお、従来型の make＋S…? は用例がありません。
2 ）Wh 疑問文[3]
  この類型に属する用例は 8 例あります。その内訳は、疑問詞が who のもの 2 例、whom のもの 1 例、how のもの 1 例、why のもの 4 例です。
  (9) Who made thee a ruler and a Iudge? (Ac 7:35)

(だれが、お前を指導者や裁判官にしたのか。)

(10) ...: whom makest thou thy self? (Joh 8:53)
(いったい、あなたは自分を何者だと思っているのか。)

(11) How long doest thou make vs to doubt? (Joh 10:24)
(いつまで、わたしたちに気をもませるのか。)

この用例では「do 支持」が使われています。doest が用いられたのはつぎの理由によるものと考えられます。すなわち、通常の形である VS 順を取れば makest thou vs to doubt になり、thou vs の代名詞の連続は形式的にも音韻的にもぎこちないものができてしまいます。これを doest を加えることによって解決したものと思われます。

(12) Why make yee this adoe, and weepe? (Mar 5:39)
(なぜ、泣き騒ぐのか。)

この用例では従来型の VS 順が使われています。しかし、同じ Why のもう一つの疑問文では「do 支持」が使われています。

(13) Why doe the disciples of Iohn fast often, and make prayers, ...? (Lu 5:33)
(ヨハネの弟子たちは度々断食し、祈りをし、…)

この例の場合、make との直接の関係ではありませんが、do の支持がないと fast the disciples of Iohn often という連鎖ができることになり、ぎこちない音調になります。この不都合を doe を使うことによって避けています。このように、「do 支持」が使われるのは、euphony を考慮してのことと考えられます。

3.3 否定疑問文（Aux＋not＋S＋make/made...?）

(14) Yee fooles, did not he that made that which is without, make that which is within also? (Lu 11:40)
(愚かな者たち、外側を造られた神は、内側もお造りになったではないか。)

(15) Hath not my hand made all these things? (Ac 7:50)
(これらはすべて、わたしの手が造ったものではないか。)

上記2例はいずれも修辞疑問文です。(14)は複雑な構文を「do支持」を使うことによって上手に解決しています。否定疑問文は上記以外の用例はありません。

3.4 命令文
主動詞 make による命令文の頻度数は下記のようになります。

表2　命令文の頻度数

	肯定命令	否定命令	合　計
1人称	3		3
2人称	22	2	24
合　計	25	2	27

1人称の命令文は *let*-imperative の形であり、make は主動詞とは言えませんが、表には数字を入れておきます。

肯定命令は通常は主動詞 make で始めますが、(16) のように make の前に there, either, or else などの Adv が置かれることがあります。

(16) …, there make ready for vs. (Mat 14:15)
　　　（そこにわたしたちのために準備しておきなさい。）

否定命令文はつぎの例のように make の直後に not を置き、「do支持」によることはしません。

(17) …, make not my fathers house an house of merchandize. (Joh 2:16)[4]
　　　（わたしの父の家を商売の家としてはならない。）

なお、2人称主語を伴う命令形 Make ye … などの用例はありません。

3.5　肯定平叙文中の S と主動詞 make の順序
肯定平叙文で用いられた主動詞 make の大部分は下記の例文のように主語／主部（S）の後ろに配置されます。すなわち、SV の順序になります。

(18) Behold, I make all things new. (Re 21:5)
　　　（見よ、わたしは万物を新しくする。）

第 5 章　Make

AdvがSの前に置かれてもAuxなどがなければつぎの例のようにSVの順序は維持されます[5]。

(19) ... without ceasing I make mention of you, ... (Ro 1:9)
　　（いつもあなたのことを思い起こし、…）

しかし、Auxを含んだ文や、受動文、完了文ではAdvやmakeの目的語 (O) がSの前に置かれると、(20)から(23)のようにbeやhaue、あるいは他のAuxがSの前に移動します。

(20) Herein is our loue made perfect, ...[6] (1Jo 4:17)
　　（こうして、愛がわたしたちの内に全うされているので、…）

(21) Thus haue yee made the Commaundement of God of none effect by your tradition.[7] (Mat 15:6)
　　（こうして、あなたたちは、自分の言い伝えのために神の言葉を無にしている。）

(22) ..., euen so in Christ shall all be made aliue.[8] (1Co 15:22)
　　（キリストによってすべての人が生かされることになるのです。）

(23) The former treatise haue I made, ...[9] (Ac 1:1)
　　（わたしは先に第一巻を著して、…）

更に、Advを前置させた場合、「do 支持」を用いて、doとSを転位させた例があります。

(24) Now doe ye Pharises make cleane the outside of the cup and the platter: .... (Lu 11:39)
　　（実に、あなたたちファリサイ派の人々は、杯や皿の外側はきれいにするが、…）

一方、上記のようなAdvの前置によるAux＋Sの転位が生起しないこともあります。その例を(25), (26)に示します。

(25) And immediatly the man was made whole, ... [10](Joh 5:9)
　　（すると、その人はすぐに良くなって、…）

(26) ..., as though by our owne power or holinesse we had made this man to talke?[11] (Ac 3:12)

(わたしたちがまるで自分の力や信心によって、この人を歩かせたかのように、…)

他方、Adv の前置によって、つぎの例文のように、Aux だけでなく、made も S の前に転位し、その結果、S が文尾に置かれることがあります。

(27) …; and when there was made a great silence, …[12] (Ac 21:40)

(すっかり静かになったとき、…)

上述した事項、すなわち、前置された Adv と、それに続く S、Aux、V の順序を一覧表にして頻度数のデータを入れると表3になります。

表3 転位形と非転位形

前置されたもの	① NP, ② now, ③ herein, ④ then, ⑤ there, ⑥ thus, ⑦ immediatly, ⑧ yet, ⑨ wherein, ⑩前置詞句, ⑪前置詞句＋there, ⑫ so＋前置詞句												
転位形	①	②	③	④	⑤	⑥	⑦	⑧	⑨	⑩	⑪	⑫	計
Adv be S made		1		2	1				8			12
Adv haue S made					1		1					2
Adv Aux S be made											1	1
Adv be made S				2					1			3
Adv do S make		1								1		2
O haue S made	1											1
合　計	1	1	1		4	2		1	1	8	1	1	21
非転位形	①	②	③	④	⑤	⑥	⑦	⑧	⑨	⑩	⑪	⑫	計
Adv S V				2	1				4			7
Adv S be made							2		4			6
Adv S haue made									1			1
合　計				2	1		2		9			14

この表から、動詞 make の場合、Adv 等の前置があっても、必ずしも語順の転位は起きないこと、更に、転位が「起きる」と「起きない」との比率は3対2で、転位が起きる割合は60％であることがわかります。また、前置詞句が先行する場合（⑩⑪⑫）、転位が「起きる」は10例、「起きない」が、9例で、ほぼ半数ずつです。

3.6　肯定平叙文中の「do 支持」

肯定平叙文中の主動詞 make がつぎの例のように「do 支持」によることがあります。

(28) …, much learning doeth make thee mad. (Ac 26:24)
　　　（学問のしすぎで、おかしくなったのだ。）

この例では、doeth を取らなかった場合、maketh thee の連鎖ができ、th の連続によって thee が音声的に弱化されてしまう上に、euphony の点でも好ましくなくなると判断され、doeth を加えることによってこの問題点を解決したと思われます。なお、ギリシャ語原典はごく普通の文で書かれており、強調などの要素は見られません。従って、この doeth は強調の意味ではなく、音声上の工夫の結果採用されたものと考えることができます。

(29) …, and in righteousnes hee doth iudge and make warre. (Re 19:11)
　　　（正義をもって裁き、また戦われる。）

この例で doth が用いられたのもやはり、euphony を求めた結果であろうと思われます。すなわち、hee iudgeth and maketh という連鎖は音声的にぎこちないと判断できます。これを避けるために doth を加えたものと思われます。なお、ギリシャ語原典のこの箇所には強調の要素はありません。

3.7　屈折仮定法

AV では、if、till、lest などによって導かれる副詞節では通常、仮定法が用いられます。しかし、主動詞 make を含むこれらの節では主語がつぎの例のように殆どが 1 人称であるために明らかに仮定法の使用例であるとは断定できません。

(30) For if I make you sorie, who is he that maketh mee glad, …? (2Co 2:2)
　　　（もしあなたがたを悲しませるとすれば、…いったいだれが、わたしを喜ばせてくれるでしょう。）

ただし、つぎの (31) のように 2 人称主語を持つ明かな仮定法と判断できる make が 1 例あります。

(31) For see (saith he) that thou make all things according to the paterne ….

(Heb 8:5)

(見よ、…型どおりに、すべてのものを作れ)

that 節内の主語は 2 人称単数の thou ですから直説法であれば動詞は makest になるはずですが、基本形の make のままですから、仮定法だということになります。(第6章3.4を参照して下さい。)

3.8 屈折希求法

願望や祈りを希求法の屈折形で表した make の用例が2つあります。

(32) And the Lorde make you to increase & bound in loue one towards another, …. (1Th 3:12)

(どうか、主があなたがたを、お互いの愛と…で、豊に満ちあふれさせてくださいますように。)

(33) But the God of all grace …, make you perfect, stablish, strengthen, settle you. (1Pe 5:10)

(恵みの源である神、…が、…あなたがたを完全な者とし、強め、力づけ、揺らぐことのないようにして下さいます。)

上記2例のそれぞれの主語は the Lorde, the God ですから、直説法が採用されれば、動詞は maketh になるはずですが、実際には make ですから、希求法が使われていることになります。なお、これらの make に対応するギリシャ語原典の動詞も希求法になっています。

3.9 迂言的使役動詞

動詞 make は多くの場合、使役的意味を含んでいるので、"make＋O＋不定詞"の用法は迂言的使役と言えます。迂言的使役動詞 make は、目的補語の位置に to 付不定詞、ならびに bare 不定詞の両方を取ります。その2種類の不定詞形の頻度数を取り、表にすると、以下のようになります。

第5章 Make

表4 迂言的使役動詞の後ろに置かれる不定詞

Makeの形	直説/仮定/希求 現在 過去	命令	不定詞	過去分詞	計
to付不定詞	6[13]		4[14]	2[15]	12
bare不定詞	1[16] 1[17]	2[18]	3[19]		7
合計	7 1	2	7	2	19

　表4から、make＋O＋不定詞の構造で使われる不定詞はbare不定詞の用例7に対し、to付不定詞は12例で、こちらの方が優勢であることが判ります。

　目的補語にto付不定詞を取る例をつぎに示します。

(34) …: for he maketh his sunne to rise on the euill and on the good, ….
　　　(Mat 5:45)
　　　（父は悪人にも善人にも太陽を昇らせ）

　上例のmaketh … to riseに相当するギリシャ語原典はἀνατέλλει 1語であり、この1語でto cause to riseを意味しています。迂言的使役動詞makeを用いた19の用例の内、14例でこのような英語・ギリシャ語の対応関係になっています。残りの5例では英語訳に似た表現法を取り、使役の動詞、ποιέωを使っています。そして、その後ろには不定詞、または仮定法の節、または目的語と同じ格を与えられた名詞などが来ています。つぎにギリシャ語の具体例を示しましょう。

(35) …; and I will make you to become fishers of men. (Mar 1:17)
　　　（人間をとる漁師にしよう）
　ギリシャ語原典：καὶ　ποιήσω　ὑμᾶς　γενέσθαι　ἁλιεῖς　ἀνθρώπων
　　　　　　直訳：and I will make you to become fishers of men

　この例では使役動詞ποιήσω（直説法、未来形）の後にγενέσθαι（アオリスト第2形不定詞）が置かれ、英文と同じ構造になっています[20]。

　つぎにbare不定詞を取る用例をギリシャ語原典と共に示します。

(36) Make the men sit downe. (Joh 6:10)

（人々を座らせなさい。）

ギリシャ語原典：ποιήσατε τοὺς ἀνθρώπους ἀναπεσεῖν

直訳：Make　　the　men　　　to sit down

この例では使役動詞 ποιέω のアオリスト複数 2 人称命令形 ποιήσατε の後に ἀναπίπτω（＝to lie down to table）のアオリスト第 2 形不定詞が来ています。すなわち、(35) と (36) のギリシャ語原典の構造は極めて似ていますが、欽定訳では to 付不定詞と bare 不定詞になっています。このことから、不定詞の選択に関してギリシャ語原典の影響はないと言えます。

つぎに迂言的使役動詞 make の後ろに OC として置かれる動詞を取り出し、一覧表にすると以下のようになります。

表 5　目的補語となった不定詞

動　詞	to 付不定詞	bare 不定詞	計
be	1		1
become	1		1
come	1	1	2
differ	1		1
doubt	1		1
drink	1		1
heare	1		1
increase	1		1
look		1	1
offend	2		2
rise	1		1
see		1	1
sit	1	3	4
stand		1	1
合　計	12	7	19

この表から、come や sit は to 付不定詞としても bare 不定詞としても現れることがわかります。どちらの不定詞を選ぶかはこれだけのデータでは判りませんが、少なくとも、上述のように、ギリシャ語原典からの影響はないと言えるでしょう。すなわち、ギリシャ語原典の該当箇所における不定詞形が一貫して英語訳の to 付不定詞と対応するというような現象は見られません。

どちらの不定詞形を取るかは恐らく、euphony に基づいたのであろうと推測されます。

なお、表5にある動詞は、用例中では全て自動詞として機能しています。

更に、表4から、過去分詞 made の使役用法が2例あることがわかりますが、その一つは受動文です。つぎにそれを示しましょう。

(37) we ... haue beene all made to drinke into one spirit. (1Co 12:13)
（わたしたちは、…皆一つの霊をのませてもらったのです。）

この例では OC に、今日と同様に to 付不定詞が用いられています。他の一つは完了文です。

(38) For he hath made him to be sinne for vs, who knewe not sinne, ...
(2Co 5:21)
（罪と何のかかわりもない方を、神はわたしたちのために罪となさいました。）

この例でも to 付不定詞が用いられています。

3.10 不定詞

1.1で示した bare 不定詞63例の内訳は、60が Aux に続く主動詞、残りの3例は let に支配される目的補語です。to 付不定詞29例は VP を修飾する副詞用法17例、名詞用法4例、be able や willing、going に続くもの8例です。

for to 付不定詞は1例だけですが、つぎのように副詞的に使われています。

(39) Hauing abolished ... the enmitie, ..., for to make in himselfe, of twaine, one newe man, ... (Eph 2:15)
（敵意…を廃棄されました。こうして…双方をご自分において一人の新しい人に造り上げて…）

この例で for to 付不定詞が選択されたのは、for によって一音節を加え、弱弱強の歩格を構成し、前後のリズムを良くするためであったと考えられます。

3.11 現在分詞

現在分詞 making の用例13の内、12までが、(40)のようなＳＶ構造を持った文に続く分詞構文で、補足説明の役目を果たしています。

(40) I thanke my God, making mention of thee…. (Ph'm 4)
（わたしは、…あなたのことを思い起こして、いつもわたしの神に感謝しています。）

残りの１例はつぎのように知覚動詞の目的補語として用いられています。

(41) And when Iesus … saw the minstrels and the people making a noise, ….
(Mat 9:23)
（イエスは…、笛を吹く者たちや騒いでいる群衆をご覧になって、…）

3.12 過去分詞

表１で示した過去分詞の用例218の内の大部分が受動文や完了文を構成するために用いられていますが、つぎの例のように made の直前ないしは数語前に置かれた名詞を修飾する形容詞として使われているものが17例あります。

(42) For Christ is not entred into the Holy places made with hands, ….
(Heb 9:24)
（なぜならキリストは、…、人間の手で送られた聖所にではなく、…に入り、）

更に、つぎの例のように、過去分詞構文を構成して主動詞より前に置かれるものが１例あります。

(43) Melchisedec…: but made like vnto the Sonne of God, abideth a Priest continually. (Heb 7:3)
（メルキゼデクは、…神の子に似た者であって、永遠に祭司です。）

3.13 目的語と目的補語の順序

目的語（O）と目的補語（OC）を取る主動詞 make が肯定平叙文や命令文で用いられる場合は、通常、つぎの例のように make O OC の順序になり

ます。

  (44) Sit thou on my right hand, til I make thine enemies thy footstoole.
    (Mar 12:36)
    (わたしの右の座に着きなさい。わたしがあなたの敵をあなたの足もとに屈服させるときまで)

しかし、(45) や (46) のように O と OC が転位して make OC O の順序になる例があります。

  (45) …, and they made ready the Passeouer. (Mat 26:19)
    (弟子達は、…、過ぎ越しの食事を準備した。)

ここで O と OC が転位しているのは快音調（euphony）を得るためだと言えるでしょう。

  (46) …; for yee make cleane the outside of the cup, and of the platter, ….
    (Mat 23:25)
    (杯や皿の外側はきれいにするが、…)

この例で起きた転位は、O を限定する 2 つの前置詞句が後に続くためだと思われます。

この位置に置かれる OC は known（10例）[21]、ready（6例）[22]、cleane（2例）[23]、manifest（2例）[24]、broad（1例）[25]、straight（1例）[26]、void（1例）[27] です。このような転位が起きている例では、O が長い単語か、O に修飾語句が加わって phrase になったり、O が名詞節であったりします。make known や make ready などの連鎖は set phrase として意識されているために、長い O は make と known や ready の間に入ることはできないのです。

しかし、make known などが set phrase として一体化しているとはいえ、O が代名詞のような短いものであれば、この一体化は解かれ、つぎの例のように make O OC 順になります。

  (47) And he straitly charged them, that they should not make him knowen.
    (Mar 3:12)
    (イエスは、自分のことを言いふらさないようにと霊どもを厳しく戒められた。)

3.14 目的補語としての節

迂言的使役動詞 make の使い方として、OE 期から、つぎのように、節が make の後ろに来ることがありました。*OED* から引用して示します。

(48) 1526 Tindale, Joh 11:37 Coulde not he which openned the eyes of the blynde haue made also that this man shulde not haue deyed?[28]
（盲人の目を開けたこの人も、ラザロが死なないようにはできなかったのか）

この Tindale の make の用法に似たものが AV に 1 例あります。

(49) ..., they make you that yee shall neither be barren, nor vnfruitful.... [29]
(2Pe 1:8)
（あなたがたは怠惰で実を結ばない者とはならず、）

Tindale の用例のタイプでは make の後ろに目的語が置かれることはなく、すぐに that 節が置かれています。AV の改訂版である The Revised Version ではつぎに示すように that 節を避けています。

(50) RV: ..., they make you to be not idle nor unfruitful.... (2Pe 1:8)

RV ではもはや that 節は採用せず、不定詞を用いています。この RV のように make＋O＋不定詞の形が *OED* によれば c1200 に初出があります[30]。AV の "make you that 節" の形式は OE 期から存在する "make that 節" と "make you to 付不定詞" が混合してできあがったものではないかと推測します。なお、ギリシャ語原典ではこの箇所は make に相当する語は用いているものの、全く異なった構文で書かれており、AV の訳文へのギリシャ語原典の影響はないものと思われます。

3.15 自動詞

AV の新約部分で用いられる make は殆どが他動詞ですが、以下のようにごく少数の自動詞としての用例があります。

(51) It was meete that we should make merry, ... (Lu 15:32)
（楽しみ喜ぶのは当たりまえではないか。）

このように make merry という連鎖を使う箇所が他に 2 例あります[31]。

(52) …, and hee made as though hee would haue gone further. (Lu 24:28)
　　（イエスはなおも先へ行こうとされる様子だった。）
ここで使われる made は appeared の意味です。
(53) … they … made toward shore. (Ac 27:40)
　　（砂浜に向かって進んだ。）
go を意味する make が made toward という慣用表現で用いられています。

3.16　受動文の動作主
受動文の動作主（Agent）は前置詞 by による場合と of による場合があります。以下に用例を示します。

1) by＋Agent
(54) …, are ye now made perfect by the flesh? (Ga 3:3)
　　（あなたがたは、…肉によって仕上げようとするのですか。）
この他に 2 例[32]あります。
2) of＋Agent
(55) I … am iudged for the hope of the promise made of God vnto our fathers: …. (Ac 26:6)
　　（私が…裁判を受けているのは、神が私たちの先祖にお与えになった約束の実現に、望みをかけているからです。）
これ以外に用例はありません。

4　連　語（Collocation）

4.1　動詞連結
make と他の動詞（V）を and で結んだ用例が一つあります。

1) make and V
made and baptized という連結です。

(1) ... the Lord knew how the Pharisees had heard that Iesus made and baptized moe disciples then Iohn, ... (Joh 4:1)
(イエスがヨハネよりも多くの弟子をつくり、洗礼を授けておられるということが、ファリサイ派の人々の耳に入った。)

ギリシャ語原典でも、この箇所は二つの定形動詞（直説法・能動・現在）が and を意味する接続詞で結ばれており、この複合形がそのまま英語に置き換えられました。make disciples「弟子にする」のと baptize disciples「洗礼を施す」のとは同じことを表わしています。現代語訳の RSV（1946）に至ってもこの複合形は維持され、" ... was making and baptizing more disciples...." と訳されています。

なお、make が and の後（すなわち、右）に置かれた V and make の用例はありません。

4.2 made＋to 付不定詞

made の後に to 付不定詞が配置される例が二つあります。一つは (37) で示しましたが、迂言的使役動詞の過去分詞で、受動態の made に続く to 付不定詞です。他の一つは、つぎのように、前置された NP を修飾する過去分詞 made とそれに続く不定詞です。この to 付不定詞は Adv として機能しています。

(2) But these, as natural bruit beasts made to bee taken and destroyed speake evill of the things.... (2Pe 2:12)
(この者たちは、捕らえられ、殺されるために生まれてきた理性のない動物と同じで、知りもしないことをそしるのです。)

4.3 make＋Adj

make の直後に置かれる形容詞を、頻度数のデータを入れて表にするとつぎのようになります。

第 5 章　Make　　　　　　　　　　　　　　　137

表 6　make＋Adj の形容詞の種類と頻度

形容詞	度数	備考	形容詞	度数	備考
manifest	21	受動文の補語　19	bitter	1	
		目的補語　2	blind	1	
knowen	17	受動文の補語　5	broad	1	
		目的補語　12	conformable	1	
ready	11		desolate	1	
perfect	9	受動文・受動環境	drunk	1	
whole	9		foolish	1	
free	4	受動文・受動環境	glorious	1	
like	4	後に vnto/to	higher	1	
merry	3	能動文	light	1	
sorie	3	受動文	low	1	
straight	3		lower	1	
cleane	2	目的補語	nigh	1	
rich	2	受動文	righteous	1	
subject	2	受動文・受動環境	smooth	1	
void	2		strong	1	
worse	2		sure	1	
alive	1		weake	1	
better	1				

　最も多い結びつきは make manifest ですが、これは殆ど受動文で用いられています。1 例を示します。
　(3) Euery mans worke shall be made manifest. (1Co 3:13)
　　　（おのおのの仕事は明るみに出されます。）
　二番目に多い knowen はつぎの例のように能動文の目的補語として使われることが多くなっています。
　(4) Thou hast made knowen to mee the wayes of life, ... (Ac 2:28)
　　　（あなたは、命に至る道をわたしに示し、…）
　三番目に多い ready も能動文の目的補語の用例が多く、他の用例も省略された目的語を補えば、全てが目的補語です。1 例を示します。
　(5) And he shall goe…, to make ready a people prepared for the Lord. (Lu 1:17)
　　　（彼は…行き、準備の出来た民を主のために用意する。）

like は 4 例のみですが、その後に、全て to または vnto の前置詞句を伴っています。

(6) …, we had bene as Sodoma, and bene made like vnto Gomorrha. (Ro 9:29)
（わたしたちはソドムのようになり、ゴモラのようにされたであろう。）

4.4　make＋NP

make の目的語ないしは目的補語として配置される NP は種類が非常に多いのです。その head になる語について頻度数を取り、2 以上のものについて表にするとつぎのようになります。ただし、人称代名詞は除外します。

表 7　make＋NP

名　詞	度　数	名　詞	度　数	名　詞	度　数
～self	11	haste	3	insurrection	2
warre	8	heauen	3	lie	2
intercession	5	Minister	3	promise	2
man/men	5	partakers	3	request	2
mention	5	peace	3	ruler	2
enemies	4	Tabernacle/s	3	shew	2
paths	4	boast	2	supper	2
Priest/s	4	bread	2	tree	2
prayer/s	4	brother	2	world	2
things	4	fire	2		
clay	3	gaine	2		

頻度数 1 のものを以下に列挙します。

　abode, all, Angels, bed, belly, Blastus, both, calling, calfe, Captaine, children, choise, Commaundement, commers, contribution, couenant, curse, deafe, defence, difference, dinner, end, Eunuches, excuse, faith, farthing, feast, feet, flesh, foes, friends, Gentiles, glorying, Gospel, grace, head, heires, Iesus, Image, increase, inquirie, iourney, lamentation, male, many, marchandise, marriage, matter, melodie, mindes, nations, noise, nothing, Oration, parts, pillar, power, Proselyte, proofe, reconciliation, rent, righteousnesse, scourge, sepulchre, shipwracke, shrines, signes, silence, sinners, snare, sonne, soule, spectacle, spirit, stocke, stoole, suertie, sunne, vessell, vncircumcision, vprore, water, way, wine, word.

上の表から、make oneself のタイプが一番多く、つぎに make warre が多いことが判りますが、特に著しい頻度のものはありません。

4.5　make＋PP

make の直後に配置される PP（前置詞句）にはどのようなものがあるでしょうか。前置詞について頻度を数えるとつぎの表 8 になります。

表 8　make＋PP の前置詞の種類と頻度

前置詞	度数	前置詞	度数
with	11	after	1
of	9	as	1
vnto	5	before	1
for	4	to	1
without	4	toward	1
by	3	vnder	1
in	3	vpon	1

頻度数の一番高い with の場合、前置詞句としては、つぎの例のように with hands として出てくることが多いです（11 例中 7 例）。

(7)　For Christ is not entred into the Holy places made with hands, ….
　　 (Heb 9:24)
　　 (なぜならキリストは…人間の手で造られた聖所にではなく、)

二番目に頻度が高い of の前置詞句の大部分は構成材料を表しますが、つぎのように出所を表すものが 1 例、(9) のように動作主 Agent を表すものが 1 例あります。

(8)　…, God sent foorth his Sonne made of a woman, …. (Ga 4:4)
　　 (神は、その御子を女から、…お遣わしになりました。)

(9)　I … am iudged for the hope of the promise made of God vnto our fathers: ….　(Ac 26:6)
　　 (私が…裁判を受けているのは、神が私たちの先祖にお与えになった

約束の実現に、望みをかけているからです。）

4.6　make＋Adv

make の直後に置かれる Adv は用例も種類も少数です。すなわち、make の否定文を構成するための not が 4 例、その他、make を修飾する here, now, vp が各 1 例、make ではなく、後続する形容詞を修飾する perfectly が 1 例、後続する副詞句を修飾する both が 1 例あります。更に、前節の (52) の繰り返しになりますが (10) のように、as though による副詞節が 1 例あります。

(10)　…, and hee made as though hee would haue gone further. (Lu 24:28)
　　　（イエスはなおも先へ行こうとされる様子だった。）

4.7　Adv＋make

make の直前に置かれる副詞類も用例がわずかです。Aux に続き、make の前に来る not が 4 例、この他に、there 2 例、else, first, now, why が各 1 例です。make の直前に置かれる副詞句や副詞節はありません。

5　成　句（Set Phrase）

5.1　make toward

make に toward の前置詞句が伴って「〜（場所）に向かって進む」の意味を持ちます。自動詞の (53) で扱った例文と同一です。

(1)　… they … made toward shore. (Ac 27:40)
　　　（砂浜に向かって進んだ。）

パウロがローマ軍に捕えられ、ローマに護送される船旅の途中で嵐に遭い、難破を余儀なくされて、入り江の砂浜に乗り上げようとする場面です。

この用例で使われる make の意味は OED によれば 1488 年が初出で、Ac のこの用例も掲載されています。また、toward の前置詞句を伴う例としてはこれが初出です[33]。この用例はギリシャ語原典ではどのような表現になっているかを見ましょう。

(2) κατεῖχον εἰς τὸν αἰγιαλόν

　　(they held to the　shore)

となっています。このギリシャ語文の主動詞には「維持する、所有する、止まる」などの意味がありますが、make の基本的な意味素性と重なるところはありません。

　AV 以前の訳版ではつぎのようになっています。関係部分のみ取り出します。

T: drue to londe.　　GrB: drue to lande.　　GeB: drewe to the shore

BB: drew to land.　　Rh: went on toward the shore

　このようになっていますので、T〜BB の伝統的な影響はなかったと判断できます。他方、drew から離れ、toward を用いたという点では、Rh の影響はある程度考えられます。しかしながら、make toward という句動詞にしたのは AV が初めてであり、上述のような make の使い方は15世紀の終わり頃が初出ですから、当時としては、比較的新しい成句であったと考えられます。結局、この make toward shore は AV 翻訳者独特の表現だと思われます。なお、(52) では make が appear の意味を持つとして扱いましたが、これも go の意味を持つと考えることができます。

6　まとめ

　本章では動詞 make の用法などについていくつかの事実を記し、その振舞いを考察しました。以下にその要点を記します。

1．新約聖書における動詞 make の用例は定形で146例、非定形で324例、合計470例あります。
2．不定詞については、bare 不定詞、to 付不定詞、for to 付不定詞ともに用例があります。
3．動名詞の用例はありません。
4．否定文については、「do 支持」による用例はありません。

5．Yes-No 疑問文については、「do 支持」による用例はありますが、従来型の主語と述語の転位はありません。
6．Wh 疑問文については、「do 支持」も従来型もあります。「do 支持」によって快音調を得ています。
7．否定疑問文は修辞疑問で、「do 支持」も従来型もあります。
8．命令文は肯定も否定もありますが、「do 支持」の用例はありません。
9．肯定平叙文で副詞類が文頭に配置された場合、主語と述部動詞または助動詞の転位が起きる割合は60％です。
10．make を主動詞とする屈折希求法の用例が 2 あります。
11．使役動詞として、「make＋O＋不定詞」のパタンを取る場合、不定詞は bare 不定詞と to 付不定詞があり、その使用比は 7 対12で、to 付不定詞の方が多くなっています。
12．使役動詞として、「make＋O＋OC」のパタンを取る場合、OC に節を取る例が 1 あります。これは OE 期からある「make＋that 節」と ME 期から始まった「make＋O＋不定詞」が混合してできたものと思われます。
13．自動詞として働く make が少数あります。
14．受動文の Agent（動作主）は by で示される場合と of で示される場合があります。
15．make の直後に配置される形容詞は manifest が最多で、つぎは knowen です。
16．make の直後に配置される名詞は〜self が最多です。
17．make の直後に配置される前置詞は with が最多です。
18．make toward〜という成句は「〜（場所）に向かって進む」の意味で、ギリシャ語原典の影響はありません。初期近代英語期に端を発する表現で、AV が初出例になる可能性があります。

注

* 本章は『愛知県立大学外国語学部紀要（言語・文学編）』第28号（1996年3月公刊）の筆者の論文「欽定英訳聖書・新約部分における動詞 Make の文法」に加筆し、修正を加えたものである。

1）否定文の用例は以下のとおり。
   類型1）Ro 5:5   類型2）Mat 5:36   Mat 12:16 Mar 3:12   1Ti 1:9
   類型3）Heb 7:16   類型4）Heb 7:19   類型5）Ph'p 2:7.

2）Yes-No 疑問文の用例は以下のとおり。
   Do: Ro 3:31   2Co 12:17   2Co 12:18
   can: Lu 5:34   shall: Ro 3:3   hath Ac 7:50   1Co 1:20.

3）Wh 疑問文の用例は以下のとおり。
   who: Lu 12:14   Ac 7:35   whom: Joh 8:53   how: Joh 10:24
   why: Mar 5:39   Lu 5:33   Joh 8:53   Ro 9:20.

4）同類の用例：Ro 13:14.

5）Adv S V の用例
   then: Mat 25:16   Lu 5:36.
   there: Joh 12:2.
   前置詞句：Mar 8:25   Ro 1:9   Eph 3:3   Heb 11:22.

6）Adv be S made の用例
   herein: 1Jo 4:17.
   there: Ac 14:5   Heb 9:2   Heb 10:3.
   thus: 1Co 14:25.
   前置詞句：Joh 1:3   Joh 1:3   Ro 5:15   Ga 3:16   Heb 7:22   Jas 2:22
          Re 18:19.
   前置詞句＋there: Mat 25:6.

7）Adv haue S made の用例
   thus: Mat 15:6   yet: 1Co 9:19.

8）Adv Aux S be made の用例：even so＋前置詞句：1Co 15:22.

9）O haue S made の用例：Ac 1:1.

10）Adv S be made の用例
   immediatly: Lu 13:13   Joh 5:9.
   前置詞句：Ro 5:19   Ro 10:10   Heb 7:20   Ja 1:10.

11）Adv S haue made の用例：前置詞句：Ac 3:12.

12）Adv be made S の用例
   there: Ac 21:40   Heb 7:12.
   wherein: Re 18:19.

13）Mat 5:45   Mar 7:37   1Co 4:7   1Co 8:13   1Co 8:13   1Th 3:12.

14）Mar 1:17   Lu 12:37   Joh 10:24   Re 3:9.

15）1Co 12:13   2Co 5:21.

16) Re 13:13.
17) Mar 8:25.
18) Lu 9:14　　Joh 6:10.
19) Mar 6:39　　Ro 14:4　　Eph 3:9.
20) 同類の用例：Mar 8:25 Re 13:13
　　なお、使役動詞の後に仮定法の節を取る例：Re 3:9
　　名詞を取る例：2Co 5:21.
21) Lu 2:17　　Ac 2:28　　Ro 9:23　　Eph 1:9　　Eph 3:3　　Eph 6:19　　Eph 6:21
　　Col 1:27　　Col 4:9　　2Pe 1:16.
22) Mat 26:19　　Mar 14:16　　Lu 1:17　　Lu 17:8　　Lu 22:13　　Ac 23:23.
23) Mat 23:25　　Lu 11:39.
24) 1Co 4:5　　2Co 2:14.
25) Mat 23:5.
26) Joh 1:23.
27) Ro 3:31.
28) (48) は *OED* からの引用（s.v. Make $v.^1$ 52）。AV ではこの箇所は、
　　Could not this man, which opened the eyes of the blinde, haue caused that euen this man should not haue died?
　　となっており、Tindale の made は caused に代えられている。
29) この例は 3.9 の「迂言的使役動詞」の用例数には入れていない。
30) *OED* s.v. Make $v.^1$ 52.b.
31) Lu 15:29　　Re 11:10.
32) 2Co 2:2　　2Ti 1:10.
33) *OED* s.v. Make $v.^1$ 34.b.

第 6 章
See*
（新約部分）

1　See の用例数

1.1　定形、非定形による分類

see およびその変化形の全用例を定形、非定形で分類すると下の表 1 になります。

表 1　see の定形及び非定形の頻度数

			新約聖書
定　形			
see	単数 1 人称・複数全人称・現在形		47[1]
see	単数・複数命令形		32[2]
seest	単数 2 人称・現在形		6[3]
seeth	単数 3 人称・現在形		22[4]
saw	単数 2 人称以外の過去形		221[5]
sawest	単数 2 人称・過去		7[6]
		合　計	335
非定形			
see	不定詞		127[7]
seeing	現在分詞		47[8]
seene	過去分詞		98[9]
seeing	動名詞		1[10]
		合　計	273
		総　計	608

新約部分における see、及びその変化形の用例は608あります。定形を見ましょう。命令形の see が32例あり、定形の10％弱になります。2人称単数の現在形 seest は6例、過去形 sawest は7例で多くはありません。3人称単数の現在形 seeth は22例で7％程度しかありません。過去形 saw は221例で66％もあります。

　非定形では不定詞が127例、非定形の47％になります。不定詞の多くのもの（90例）は助動詞と共起する bare 不定詞です。to 付不定詞は32例あり、その中には for to 付不定詞が3例含まれています。現在分詞は47例で17％、過去分詞は98例で、36％になります。動名詞は1例あります。

2　語　形（Conjugation）

2.1　定　形

　see の定形は主語の数や人称、時制、法に応じて以下のようになっています。

2.1.1　現在時制

	直説法 単数	直説法 複数	仮定法 単数	仮定法 複数
1人称	I　　see	we　　see	用例なし	用例なし
2人称	thou　seest	ye/you　see	用例なし	用例なし
3人称	he/it　seeth	they　see	see	〈see〉

〈　〉は仮定法の可能性があることを示します。

2.1.2 過去時制

	直説法				仮定法	
	単　　数		複　　数		単　数	複　数
1人称	I	saw(e)	we	saw(e)	全て用例なし	
2人称	thou	sawest	ye	saw(e)		
3人称	he/she	saw(e)	they	saw(e)		

2.2　非定形

1）不定詞　　　　see, to see, for to see
2）現在分詞　　　seeing
3）過去分詞　　　seene
4）動名詞　　　　seeing

3　統　語（Syntax）

3.1　否定文

主動詞 see を含む否定文の構造は数種類あります。それらを類型別にして示します。

1）see＋not[11]

(1) But now wee see not yet all things put vnder him. (Heb 2:8)
　　（しかし、わたしたちはいまだに、すべてのものがこの方に従っている様子を見ていません。）

否定語 not は目的語が代名詞でない場合、see の直後に配置されます。

2）see＋Pron.＋not/no more[12]

(2) …, because it seeth him not, …. (Joh 14:17)
　　（世は、この霊を見ようとも…しないので、）

see が代名詞を目的語にする場合は、not などの否定語は代名詞の直後に置かれます。

3）see＋Neg-NP[13]

(3) ..., they saw no man any more, ... (Mar 9:8)
　　（もはや、だれも見えず、）

目的語が否定語を伴っています。この構造は今日のものと同じです。

4) neuer＋see

(4) Wee neuer saw it on this fashion. (Mar 2:12)
　　（このようなことは、今まで見たことがない）

否定語 neuer は本動詞 see の左側に置かれます。助動詞を伴わない never による否定はこの例だけです。

5) least＋S＋see

(5) ..., least ... they see his shame. (Re 16:15)
　　（見られて恥をかかないように）

least は接続詞 lest の異綴です。接続詞 least による否定はこの箇所だけです。

6) neither＋S＋do see

(6) ..., neither his flesh did see corruption. (Ac 2:31)
　　（その体は朽ち果てることがない。）

この用例は「do 支持」を用いています。did see としたのはおそらく音調をよくするためだと思われます。否定語 neither が主語の左側に置かれているのに SV の位置の逆転が起きていません。助動詞 do を伴った否定平叙文はこれ以外にありません。

7) Aux＋not＋see

(7) ..., ye shall not see me henceforth, ... (Mat 23:39)
　　（お前たちは…今から後、決してわたしを見ることがない。）

Aux としては shall のほかに will, may, can, should, might, could などが使われています。この類型では do は使われていません。

3.2　疑問文

疑問文の用例を分類して以下に示します。

3.2.1　Yes-No 疑問文
1) see＋S …?
(8)　Seest thou these great building? (Mar 13:2)
　　　(これらの大きな建物を見ているのか。)

　主動詞 see と主語 S の位置を入れ替えることによって Yes-No 疑問文を形成しています。この種の疑問文には「do 支持」による用例はありません。他の用例箇所 (Lu 7:44, Jas 2:22) も Seest thou …? です。

3.2.2　Wh 疑問文
1) Wh＋see＋S …?
(9)　When saw wee thee a stranger, and tooke thee in? (Mat 25:38)
　　　(いつ、旅をしておられるのを見てお宿を貸し、…たでしょうか。)

　When の後で主語 S と主動詞 saw を転位させることで疑問文を作っています。他の用例箇所 (Mat 25:37, Mat 25:39, Mat 25:44) もすべて同一テーマの文で、疑問詞もすべて when です。

3.3　否定疑問文
　否定疑問文はその構造から二種類に分れます。

1) see＋S＋not …?
(10)　See yee not all these things? (Mat 24:2)
　　　(これらすべての物を見ないのか。)

　主語 S と主動詞 see の位置を反転させ、S の右側に否定語 not を配置しています。他の用例箇所 (Mar 8:18) も同じ構造で、see ye not です。

2) do＋not＋S＋see …?
(11)　Did not I see thee in the garden with him? (Joh 18:26)
　　　(園であの男と一緒にいるのを、わたしに見られたではないか。)

　この用例では「do 支持」を使っていますが、なぜこの構造が選択されたのでしょうか。その理由は、ギリシャ語原典で主語を明示した強意表現に

なっていることにあると考えられます。この強意を do によって表現したものです。聖書の翻訳の際、原典で強意が意図された箇所では、その英文に do が使用される傾向があることは、奥（1994）および盛田（1994）が指摘しています[14]。音調の点では、Did not I see thee ... よりも、did を用いないで Saw I not thee ... の方が、よりよい euphony が得られます。従って、euphony のために did が選択されたという理由は成り立ちません。なお、see と助動詞 do が共起する例は上記 (6) の例と合わせて 2 例のみです。

3.4 命令文

see を主動詞にした命令文は意味の視点から以下のように分類できます。

１）知覚の命令：「見なさい」[15]

   (12) Come, see the place where the Lord lay. (Mat 28:6)
      （さあ、遺体の置いてあった場所を見なさい。）
   この用例では、「視力を用いて見る」ことを命じています。

２）知覚を伴った間投詞

   (13) See, here is water, ... (Ac 8:36)
      （ここに水があります。）
   この例は、形式からは命令文を構成していますが、意味上の機能は間投詞です。このような例はこの他にはありません。

３）認識の命令：「注意しなさい／心がけなさい」[16]

   (14) See thou say nothing to any man: .... (Mar 1:44)
      （だれにも何も話さないように気をつけなさい。）
   命令形の see の後に置かれた節では仮定法が使われています。この用例のような節は通例、補文標識の that によって導入されるのですが、ここでは省略されています。

４）処置の命令：「始末しなさい」[17]

   (15) What is that to vs? see thou to that. (Mat 27:4)
      （われわれの知ったことではない。お前の問題だ。）

この用例では see to が前置詞付動詞として idiomatic に使われています。ギリシャ語原典では「見る」を意味する語の未来形で書かれているので、「お前はわかるであろう」が原意だと言えます。

3.5　自動詞
　see の大部分は他動詞として用いられていますが、自動詞としての用例がいくつかあります。

1) 完全自動詞[18]
　(16) One thing I know, that whereas I was blind, now I see. (Joh 9:25)
　　　（ただ一つ知っているのは、目の見えなかったわたしが、今は見えるということです。）
　この用例の see は「視力を獲得したので、見える」ことを表わしています。

2) 不完全自動詞[19]
　(17) For now we see through a glasse, darkely: …. (1Co 13:12)
　　　（今は、鏡におぼろに映ったものを見ている。）
　この用例では see が Adjunct を伴っています。この see は「見える」の意味ではなく、目的語を特定しない状況で「見る」の意味です。目的語の要素は配置されないものの、意味上は他動詞的要素を含んでいます。

3) 擬似自動詞[20]
　(18) Then went in also that other disciple which came first to the Sepulchre, and he saw, and beleeued. (Joh 20:8)
　　　（それから、先に墓に着いたもう一人の弟子も入ってきて、見て、信じた。）
　この用例では、目的語は表示されていませんが、「見る」対象となる内容は周囲の状況であり、それは文脈から判断がつきます。すなわち、この saw は見かけ上の自動詞となっています。

3.6　目的補語

see の目的補語としては形容詞、名詞、現在分詞、過去分詞、bare 不定詞、to 付不定詞などがあります。

１）形容詞や名詞（see＋O＋Adj/NP）[21]

(19) Lord, when saw we thee an hungred, and fedde thee?（Mat 25:37）
（主よ、いつわたしたちは、飢えておられるのを見て食べ物を差し上げ、…たでしょうか。）

この例文では saw の目的補語として形容詞相当語句の an hungred が使われています。

２）現在分詞（see＋O＋Ving）[22]

(20) Master, we saw one casting out deuils in thy Name, ….（Lu 9:49）
（先生、お名前を使って悪霊を追い出している者を見ましたが、）

この用例では saw の目的補語として casting out deuils in thy Name という句が使われています。この類型に分類される用例では、運動の継続、動作の反復、または状態の継続（hauing の場合）などを「見る／見た」ことが現在分詞の語形を用いて表現されています。英文の現在分詞に相当するギリシャ語原典の語形は現在分詞、アオリスト分詞、完了分詞などです。これらの「分詞」が英語の現在分詞に転写されたと考えられます。

３）過去分詞（see＋O＋ppl）[23]

(21) Mary Magdalene … seeth the stone taken away from the Sepulchre.（Joh 20:1）
（マグダラのマリヤは…墓から石が取りのけてあるのを見た。）

この用例では seeth の目的補語として過去分詞 taken が置かれ、石が既に取り除かれていた、という完了と受動の内容を伝えています。この類型に入る用例では、ギリシャ語原典の該当語が受動ないし中動相の分詞形になっており、この文法要素が英文で過去分詞として表現されたと考えられます。

４）bare 不定詞（see＋O＋bare-inf.）[24]

(22) …: and I saw a woman sit vpō a scarlet coloured beast, ….（Re 17:3）

（わたしは、赤い獣にまたがっている一人の女を見た。）

　この用例では saw の目的補語として bare 不定詞 sit が使われています。これによって「一人の女が獣にまたがる」という動作の初めから終わりまでを「わたしは見た」という解釈ができます。ギリシャ語原典の該当箇所は現在分詞形ですが、ギリシャ語文法では知覚動詞の後ろに配置される動詞は不定詞形ではなく分詞形が通常であるので、この箇所の英訳は翻訳者の釈義によって、上記の 2 ）の類型のようにギリシャ語原典に倣って現在分詞を選び sitting とすることも、不定詞の sit にすることもできます。そのため、前後の文脈からは「女」は座っているという状態の継続に解釈する方が自然だとの解釈に立って、RV や RSV では sitting を採用しています。ただし、古い英文では、*OED* が指摘しているように[25]、不定形の場合と分詞形の場合の意味解釈が今日のように判然としていないことがあるので、上記の箇所を現代英語の感覚で解釈してよいかどうかという問題があります。事実、AV でこの構造を持つ用例32について、RSV の該当箇所と比較してみると、不定詞形を維持しているのは 2 例（Mar 9:1, Ac 28:6）にすぎません。現在分詞形にしているものが23例、過去分詞形が 2 例、節に書き換えているものが 4 例、動詞部分を省いたものが 1 例、となっており、聖書の釈義に関わることもあるので、即断はできませんが、AV 期の英語から今日の英語にかけて、この構文の意味解釈に関してはかなりの変化が起きたことが推測されます。

5 ） to 付不定詞（see＋O＋to-inf）[26]

(23) … the multitude wondred, when they saw the dumbe to speake, the maimed to be whole, the lame to walke, and the blind to see: …. (Mat 15:31)
（群衆は、口の利けない人が話すようになり、体の不自由な人が治り、足の不自由な人が歩き、目の見えない人が見えるようになったのを見て驚き、）

　この用例では to 付不定詞を目的補語としています。*OED* は see の目的補語として to 付不定詞が使われることは、「古い英語ではまれではない」[27]と述べています。Mustanoja は「知覚動詞は通常は plain infinitive を取るが、to 付不定詞も時々見られる」[28]と述べて、この用法に言及しています。

Jespersen は「to はまれである」[29]と述べ、Marlowe、Shakespeare、Stevenson などの用例を示しています。更に「この to は主に see が直接の知覚を表すのではなく、推測をしたときに使用される」[30]と付け加えています。この Jespersen の言及は、上記 (23) には該当しません。Jespersen は Shakespeare の劇作品のなかの唯一の用例としてつぎの例をあげています。

(24) Sh Shr I.1.179　I saw her corral lips to moue,
　　　(俺は見たぞ、あの珊瑚の唇が動き、[31])

3.7　see＋O_D＋O_D

他動詞 see の大部分は語ないし名詞節を一つ目的語として取っています。これはごくありふれた振舞いですが、直接目的語と判断されるものを二つ取っているものが少数あります。

(25) And he sought to see Iesus who he was, …. (Lu 19:3)
　　　(イエスがどんな人か見ようとしたが、…)

この例では、to see Iesus と to see who he was が to see を共通項として合わさった構造です。ギリシャ語原典では、

　　　ἰδεῖν Ἰησοῦν τίς ἐστι

　　　(to see Jesus　who　he is)

であり、Jesus の箇所は対格になっています。このギリシャ語表現が直訳された結果が AV 訳です。なお、T (1535)、GrB (1540)、GeB (1562) までは Iesus の後ろにカンマ (,) を置いているので文意は Iesus で一旦切れ、補足的説明として who he shulde be [GeB] が付加された形になっています。RV も RSV も AV を踏襲した構造ですが、REB (1989) は、以下のように、すっきりした構造になっています。

(26) REB: He was eager to see what Jesus looked like;

類例を示します。

(27) …, when they saw Mary that she rose vp hastily, …. (Joh 11:31)
　　　(彼女が急に立ち上がって出て行くのを見て…)

この例も、(25) と同様に、saw Mary と saw that she rose vp hastily が合わ

さった構造になっています。この箇所のギリシャ語原典は

ἰδόντες τὴν Μαριὰμ ὅτι ταχέως ἀνέστη
(seeing　　　Mary　that　quickly she rose up ...)

となっていて、先の例と同様に、このギリシャ語構文が英語に転写されたものと考えられます。T と GeB、RV は上記の場合と同様、カンマ (,) を Mary の後に加えています。RSV、REB は直訳を避けて、つぎのようにしています。

(28) RSV: ..., saw Mary rise quickly ....

(29) REB ... saw her hurry out, ...

上記 2 例とは異なったタイプで、目的語の要素が二つある例があります。

(30) But other of the Apostles saw I none, ... (Ga 1:19)
　　（ほかの使徒にはだれにも会わず、…）

この用例では、none other of the Apostles という一つの目的要素の句が二分されて、動詞の前後に配置されています。これは文のリズムを整えるための工夫であろうと思われます。この euphony を得るための処置は BB や Rh に倣ったものです。ギリシャ語原典は上記のように節を二つに分けた配列を取っていないので、この語の配列については原典の影響は受けていないといえます。

3.8　分詞構文

分詞構文を意味の視点から 3 つに分類して示します。

1）知覚を意味する seeing[32]

(31) Peter seeing him, saith to Iesus, ... (Joh 21:21)
　　（ペトロは彼を見て、…と言った。）

この類型に入る分詞構文では、seeing の目的要素はゼロか句で、節の例はありません。

2）判断・思考を意味する seeing[33]

(32) For these are not drunken, as ye suppose, seeing it is but the third houre of the day. (Ac 2:15)
（今は朝の9時ですから、この人たちは、あなたがたが考えているように、酒に酔っているのではありません。）

この例文では、seeing すなわち、「判断」しているのは、話者のペトロと周囲にいる人々（ye）です。この分類に属する用例は seeing の後の要素がすべて節になっています。このように用いられる seeing、すなわち「判断・思考」などを表現する分詞構文を導く seeing は、接続詞の能力をも持ち合わせており[34]、RSV では、用例22のうち16例で、seeing に代えて、since を用いています。

3）理由を意味する seeing[35]

(33) How shall this be, seeing I know not a man? (Lu 1:34)
（どうして、そのようなことがありえましょうか。わたしは男の人を知りませんのに。）

この例文では seeing の動作主が先行文に現れていません。従って、この用例は絶対分詞構文です。2）の「判断・思考」と類似性はありますが、同じ類型には入れられません。すなわち、(33) の話者はイエスの母マリアであり、"I know not a man" と「判断する」というのは不自然だと考えられます。このような seeing は前項の場合よりも seeing の接続詞性は強くなっているといえるでしょう。つまり、「判断」ではなく「理由」を表わしており、since や because と同等の働きをしていると考えられます。RSV では AV の全用例 6 例中、5 例で since、1 例で because を用いています。

3.9 屈折仮定法

AV では条件（if 節）や継続の期限（vntill 節）などを表わす副詞節では仮定法が使われます。主動詞 see を含む条件節で屈折仮定法が使われている例があります。

(34) For if any man see thee which hast knowledge, sit at meat in the idols temple: shall not the conscience of him ..., be emboldened to eat those things which

are offered to idols? (1Co 8:10)

(知識を持っているあなたが偶像の神殿で食事の席に着いているのを、だれかが見ると、…その良心が強められて、偶像に供えられたものを食べるようにならないだろうか。)

if 節の中で、3人称単数の主語に呼応する直説法現在の語形 seeth ではなく、仮定法形の see が使われています。これと同様の see がもう1例[36]あります。

3.10 受動文の動作主

AV の英語では受動文の動作主（Agent）は by を伴うことも、of を伴うこともありますが、see という動詞の場合はどちらが好まれるでしょうか。

(35) And he was seene many dayes of them, …. (Ac 13:31)

(人々に、幾日にもわたって姿を現しました。)

この用例では動作主を表すのに of を使っています。受動文20例のうち11例で動作主が示されていますが、その11例とも of を用いています[37]。

4 連 語（Collocation）

4.1 動詞連結

see と接続詞で結ばれる動詞にはどのようなものがあるかを以下に示します。

1) see and/or V

see の右側で他の動詞と結ばれる連結形は以下のようなものがあります。

表2　see and/or V の類型と頻度数

類　型	用例箇所	頻度数
see & heare	Ac 19:26	
seeing & hearing	2Pe 2:8	
seene and heard	Lu 7:22, Joh 3:32, Ac 4:20, 1Jo 1:3	8
seene & heard	Ac 22:15	
see, nor heare	Re 9:20	
see and beleeue	Mr 15:32	
saw, and beleeued	Joh 20:8	2
see and know	Lu 21:30, Ac 3:16	2
seene, & hated	Joh 15:24	1

　see の右側で結ばれる動詞は比較的 heare が多いことが判ります。

2) V and see

　see の左側で他の動詞と結ばれる連結形は以下のようなものがあります。

表3　V and see の類型と頻度数

類　型	用例箇所	頻度数
come and see	Joh 1:39, Joh 1:46, Joh 11:34, Ph 1:27, Re 6:1, Re 6:3, Re 6:5, Re 6:7	9
came and saw	Joh 1:39	
heare and see	Mat 11:4	
heard and seene	Lu 2:20, Re 22:8	4
hearing and seeing	Ac 8:6	
goe and see	Mar 6:38, Lu 14:18	2
looked vp and saw	Lu 19:5	1
spake and saw	Mat 12:22	1

　see の左側で結びつく動詞は come と heare が他と比べて多いことが判ります。come や goe や look vp は運動の順序から考えれば当然ですが、see よりも前（左側）に出てきます。

　heare は表2と3から、see の右にでも左にでも置くことが出来る動詞であることが判ります。

4.2 S + see

主動詞 see の主語としてはどのような語がどのような頻度で用いられているかを以下に示します。なお、受動文の主語、および *let*-imperative における see の意味上の主語は除外しますが、主語付命令文の主語は算入します。

表4 主動詞 see の主語になる語とその頻度

区分	主語になる語	頻度数	合計	区分	主語になる語	頻度数	合計
人称代名詞	they	85	363	大文字で始まる語	Disciples	6	22
	he	80			Pharisee(s)	5	
	I	77			Centurion	2	
	ye	55			Iewes	2	
	thou	33			Priests	2	
	we	26			以下の語は頻度1	2	
	she	5			Barbarians, Eunuch,		
	以下の語は頻度1				Lord, Masters,		
	it, you				Prophets		
人間	man/men	11	36	その他	eye(s)	4	15
	father(s)	5			all	2	
	people	5			flesh	2	
	husbandmen	2			以下の語は頻度1		
	maide	2			another, deuils,		
	one	2			dragon, idoles,		
	the blind	2			many, other, world		
	以下の語は頻度1			総合計			470
	the dumb,						
	fellow-seruants,						
	multitudes, officers,						
	woman, whoso,						
	whoeuer						
人名	Iesus	18	34				
	Peter	4					
	Simon	1					
	Mary	2					
	Mary Magdalene	1					
	Iohn	2					
	以下の語は頻度1						
	Herode, Dauid,						
	Mose, Paul, Pilate,						
	Zacharias						

この表から人称代名詞の主語が多いことが判ります。363例で、全主語の77％になります。その中に、注の1) c で指摘しておきましたが、通常対格

として用いられる you が主格として使われている例があることがわかります。つぎに多いのは人間関係で、そのつぎの人名を含めると70例、15％になります。「大文字で始まる語」としてまとめた語もすべて人間関係です。その他の語の頻度は高くありませんが、見る能力のあるものとは思われない語、world があります。それはつぎのように使われています。

(2) Yet a litle while, and the world seeth me no more: .... (Joh 14:19)
　　　（しばらくすると、世はもうわたしを見なくなるが、）

この用例の the world とは common people in the world の意味であり、この語も結局、見る能力を持っているわけです。

4.3　see＋O

動詞 see はどのような目的語を従えているのでしょうか。つぎの表で目的語とその頻度を示します。

表5　動詞 see の目的語になる語とその頻度

分類	目的語になる語	頻度数	合計	分類	目的語になる語	頻度数	合計
人称代名詞	him	50	128	自然等	light	6	24
	it	24			starre	6	
	me	19			day	3	
	thee	11			smoke	2	
	them	10			以下の語は頻度1		
	you	7			cloud, earthquake,		
	her	6			fire, southwind,		
	vs	1			sunne, waters, wind		
宗教関係	Angel(s)	18	58	不定代名詞等	one	6	21
	heauen	6			what	5	
	Lord	6			none	2	
	spirit	6			that	2	
	glory	4			this	2	
	faith	3			以下の語は頻度1		
	kingdome	3			many, others, ought,		
	candlestickes	2			some		
	saluation	2		超自然	vision	7	14
	throne	2			miracle(s)	5	
	以下の語は頻度1				wonders	2	
	calling, disciple,						

第6章　See

分類	語	頻度	計	分類	語	頻度	計
人・家族関係	Ghost, grace, sepulchre, Temple		54	動物等	beast	7	12
	man/men	13			hornes	2	
	sonne	9			horse(s)	2	
	multitude	7			woolfe	1	
	brother/brethren	5		道具等	clothes	2	8
	father	4			vessell	2	
	woman	4			以下の語は頻度1 booke, buildings, doors, ships		
	people	2					
	soules	2					
	以下の語は頻度1 child, elders, guests, mother, the dead, the dumb, widow, wiues,			職業	captaine	1	4
					minstrels	1	
					Publicane	1	
					Scribes	1	
				地名	Hierusalem	1	2
					Rome	1	
人名等	Iesus	9	29	その他	things	27	48
	Iesus Christ	2			work(e)s	4	
	Christ	1			sign(es)	3	
	God	4			tree	3	
	Abraham	3			city	2	
	Peter	3			end	2	
	Simon	1			以下の語は頻度1 fashion, harme, Lawe, place, print, shape, tumult		
	以下の語は頻度1 Iames, Mary, Nathaneel, Trohimus, Lazarus, Leui						
人にまつわる語彙	face	7	26		総合計		428
	corruption	5					
	death	3					
	abomination	2					
	以下の語は頻度1 affliction, bodies, boldnesse, company, conflict, life, shame, sorrow, voice						

　seeの目的語、すなわち、見る対象になるものは様々な語がありますが、類別にして観察すると、人称代名詞が最も多く、128例、全ての目的語の30％になります。これに次いで多いのは宗教関係の語で、58例、14％です。そのつぎに人や家族関係の語で、54例、13％です。その後、割合は低くなりますが、人名（7％）、人にまつわる語彙（6％）、自然等（6％）と続きます。「その他」として、様々な語をまとめましたが、48例、11％になりま

す。

　単語別に見ると、him が最も多く、50例で12％あります。つぎに「その他」に入れた things で、27例、6％です。続いて、it の24例で6％、me の19例で4％、Angel(s) の18例で4％、などとなります。Iesus と Iesus Christ と Christ を合わせると12例で3％になります。

　ほとんどの単語が見る対象として不自然なものはありませんが、「人にまつわる語彙」の中に voice という語が出てきます。「声を見る」というのはどのようなことなのでしょうか。その用例を以下に示します。

(2)　And I turned to see the voice that spake with mee. (Re 1:12)
　　　（わたしは、語りかける声の主を見ようとして振り向いた。）

　日本語訳にあるように、voice とは、「声の主」、つまり、「人に相当するもの」（REB: a figure like a man）であることがわかります。

4.4　see＋Adv

see の後ろにどのような Adv が配置されているのかを頻度数と共に以下に示します。

表6　動詞 see の後置修飾語・語句とその頻度

語・語句	頻度数	前置詞句		頻度数	合計
not	9	in	secret	3	
then	5		the East	2	
afarre off	5		以下は頻度数1		
clearly	3		a vision/his Temple/		15
no more	3		the Temple/his hands/		
again	2		Israel/me/my members/		
before	2		the right hand/the way/		
there	1		white		
any more	1				
therein	1	of	them	3	
fourty yeers	1		men	2	
			以下は頻度数1		11
合　計	33		Angels/brethren/Cephas/		
			her/Iames/me		
		with	their・our eyes	3	4

	your father		1	
to	it/that 各 1			2
vnder	the altar/the figge tree	各 1		2
about	them		1	1
as	trees		1	1
at	any time		1	1
for	the glory		1	1
on	this fashion		1	1
through	a glasse		1	1
vpon	the beast		1	1
		総合計		41

　上の表から、単語・語句の Adv は種類も頻度数もあまり多くないことが判ります。not が最多ですが、これは17世紀初頭は否定文を作るのにまだ「do 支持」が一般的になっていないためです。

　前置詞句による修飾はあまり多くありませんが、それでも、さまざまな前置詞句が see と結びつくことが判ります。前置詞 in によるものが比較的多いのはもっともなことですが、of によるものも11例に及びます。"see of-PP" とはどのような意味で使われているのでしょうか。以下に1例を示します。

(3)　God was ..., seen of Angels, ... (1Ti 3:16)

　　　（キリストは…天使たちに見られ、）

　この用例が示すように、of-PP は受動文における動作主を表わしています。11の用例すべてがこのように使われています。このことは3.10で指摘したことですが、そこで、記した「11例」が表6の of の欄の11例に当たります。

4.5　Adv＋see

　主動詞 see を左側から修飾する用例は種類も数も限られています。以下にそのデータを示します。

表7　動詞 see の前置修飾語・語句とその頻度

語・語句	頻度数	前置詞句	頻度数
not	16	by what means	1
now	4		
also	1		
clearly	1		
合　計	22		

　上の表から see の左から see と修飾関係を持つ語は4種類の22例、その内、16例が not であることが判ります。not が see の左側に来るのは、助動詞が含まれる否定文で使われているためです。now も see の左側に配置される傾向があることが判ります。

　前置詞句で see の左側に来る用例は1例しかありません。つぎのように用いられています。

　(4)　By what meanes he now seeth, we know not, ... (Joh 9:21)

　　　（どうして今、目が見えるようになったかは、分かりません。）

　疑問詞 what を含む前置詞句であるために see の左側に置かれています。

5　成　句（Set Phrase）

5.1　see to it/that

　この成句は3.4の命令文の項で扱ったものです。その意味は「取りはからう」「面倒をみる」「必要なことを行う」[38]ことです。既出の用例とは異なるものを示します。

　(1)　I am innocent of the blood of this iust person: see yee to it. (Mat 27:24)

　　　（この人の血について、わたしには責任がない。お前たちの問題だ。）

　ユダの総督ピラトがイエスを群衆の面前で裁判にかけたところ、群衆は「十字架につけろ」と言い張りました。ピラトは公正な裁判をあきらめ、イエスの処置を群衆に任せることにした場面です。

　ギリシャ語原典は ὑμεῖς ὄψεσθε （＝You will see.）となっています。Tyndale

はこれを直訳して ye shall se. とし、GrB もこれに倣っています。GeB と Rh は loke you to it. としていますが、BB は see ye to it. とし、AV はこれを引き継いでいます。なお、このギリシャ語の動詞は一般的に「見る」の意味を持っていますが、同時に、「面倒をみる＝see to」の意味をも持っています[39]。

OED によると、この成句の初出年は "a1400-50" です。この表現を用いた BB は 1568 年が初版ですから、すでに世の中に定着したこの成句を利用し、原典の see の意味と重ねた訳文にしたものと考えられます。従って、この成句にはギリシャ語原典の影響はないと言えます。

6　まとめ

本章では欽定英訳聖書・新約部分における動詞 see の振舞いについて観察してきました。その要約を以下に示します。

1．see の用例数は 608 あります。その内、定形は 335 例、非定形は 273 例になります。
2．for to 付不定詞は 3 例あります。
3．「do 支持」による否定文は 1 例、否定疑問文で 1 例あります。
4．形式は自動詞、意味は他動詞といえる用法があります。
5．能動文の see が目的補語を取る場合、to 付不定詞を選択することが少数あります。
6．直接目的語を 2 つ取る場合があります。
7．現在分詞 seeing が since の意味を持ち、接続詞としての機能を獲得していく途中の段階が観察されます。
8．知覚以外に判断・認識を意味する場合が多くあります。
9．受動構造の動作主は of＋NP で表されています。
10．see and/or V の構造を取る V は heare が比較的多いと言えます。
11．V and see の構造を取る V は比較的 come が多いと言えます。

12. S＋see の S になるものは人称代名詞が多いです。その中に、欽定訳聖書の英語としてはめずらしい主格の you が 1 例含まれています。
13. see＋O の O には人称代名詞が多く使われています。
14. see＋Adv の Adv はあまり多くありませんが、否定文用の not と in によって導かれる前置詞句が比較的多いです。
15. see to it/that という成句はギリシャ語の影響を受けたものではないと言えます。

注

* 本章は『愛知県立大学外国語学部紀要（言語・文学編）』第30号（1998年3月公刊）の筆者の論文「欽定英訳聖書・新約部分における動詞 See の文法」に加筆し、修正を加えたものである。

1) a. See：1人称単数主語、現在時制　5例
　　　Mar 8:24　Joh 9:25　Ac 7:56　Ro 7:23　Php 1:27.
　b. see：1人称複数主語、現在時制　6例
　　　Joh 9:41　Ro 8:25　1Co 13:12　Heb 2:8　Heb 2:9　Heb 3:19.
　c. see：2人称複数主語、現在時制　23例
　　　Mat 13:17（この用例のみ2人称複数主語が you であり、他はすべて ye(e) である。… to see those things which you see, ….)
　　　Mat 24:2　Mar 8:18　Lu 10:23　Lu 10:24　Lu 12:54　Lu 12:55
　　　Lu 21:30　Lu 21:31　Lu 24:39　Joh 4:48　Joh 14:19　Joh 16:10
　　　Ac 2:33　Ac 3:16　Ac 19:26　Ac 25:24　1Co 1:26　Ga 6:11
　　　Php 2:28　Heb 10:25　Jas 2:24　1Pe 1:8.
　d. see：3人称複数主語、現在時制　9例
　　　Mat 13:13　Mat 13:16　Mr 5:15　Lu 7:22　Lu 10:23　Joh 6:19
　　　Joh 9:39　Joh 9:39　Re 16:15.
　e. see：仮定法　4例（〈 〉は「仮定法の可能性がある」ことを示す）
　　　〈Mat 16:28〉〈Lu 9:27〉1Co 8:10　1Jo 5:16.
2) 命令形
　a. see：2人称単数主語　16例
　　　Mat 8:4　Mat 27:4　Mar 1:44　Mar 13:1　Joh 1:46　Joh 11:34
　　　Ac 8:36　Ac 23:22　Heb 8:5　Re 6:1　Re 6:3　Re 6:5
　　　Re 6:6　Re 6:7　Re 19:10　Re 22:9.
　b. see：2人称複数主語　16例
　　　Mat 9:30　Mat 24:6　Mat 27:24　Mat 28:6　Mar 6:38　Lu 17:23
　　　Lu 17:23　Lu 24:39　Joh 1:39　Joh 4:29　1Co 16:10　2Co 8:7

第 6 章　See

　　Eph 5:15　　1Th 5:15　　Heb 12:25　1Pe 1:22.
3) seest：2 人称単数主語、現在時制　　6 例
　　Mar 5:31　　Mar 13:2　　Lu 7:44　　Ac 21:20　　Jas 2:22　　Re 1:11
4) seeth：3 人称単数主語、現在時制　　22 例
　　Mat 6:4　　Mat 6:6　　Mat 6:18　　Mar 5:38　　Lu 16:23　Joh 1:29
　　Joh 5:19　　Joh 6:40　　Joh 9:21　　Joh 10:12　Joh 11:9　　Joh 12:45
　　Joh 12:45　Joh 14:17　Joh 14:19　Joh 20:1　　Joh 20:6　　Joh 20:12
　　Joh 21:20　Ro 8:24　　2Co 12:6　　1Jo 3:17.
5) saw 単数 2 人称以外の過去形
　a. 1 人称単数主語、過去時制　　48 例
　　Joh 1:32　　Joh 1:34　　Joh 1:48　　Joh 1:50　　Ac 11:5　　Ac 11:6
　　Ac 22:18　　Ac 26:13　　Ga 1:19　　Ga 2:14　　Re 1:12　　Re 1:17
　　Re 4:4　　Re 5:1　　Re 5:2　　Re 6:1　　Re 6:2　　Re 6:9
　　Re 7:1　　Re 7:2　　Re 8:2　　Re 9:1　　Re 9:17　　Re 10:1
　　Re 10:5　　Re 13:1　　Re 13:2　　Re 13:3　　Re 14:6　　Re 15:1
　　Re 15:2　　Re 16:13　Re 17:3　　Re 17:6　　Re 17:6　　Re 18:1
　　Re 19:11　Re 19:17　Re 19:19　Re 20:1　　Re 20:4　　Re 20:4
　　Re 20:11　Re 20:12　Re 21:1　　Re 21:2　　Re 21:22　Re 22:8.
　b. 1 人称複数主語、過去時制　　7 例
　　Mat 25:37　Mat 25:38　Mat 25:39　Mat 25:44　Mar 2:12　　Mar 9:38　Lu 9:49.
　c. 2 人称複数主語、過去時制　　2 例
　　Joh 6:26　　Php 1:30.
　d. 3 人称単数主語、過去時制　　96 例
　　Mat 2:16　　Mat 3:7　　Mat 3:16　　Mat 4:18　　Mat 4:21　　Mat 8:14
　　Mat 8:18　　Mat 9:9　　Mat 9:22　　Mat 9:23　　Mat 9:36　　Mat 14:14
　　Mat 14:30　Mat 20:3　　Mat 21:19　Mat 22:11　Mat 26:71　Mat 27:3
　　Mat 27:24　Mar 1:10　　Mar 1:16　　Mar 1:19　　Mar 2:5　　Mar 2:14
　　Mar 5:6　　Mar 5:22　　Mar 6:34　　Mar 6:48　　Mar 8:23　　Mar 8:25
　　Mar 9:14　　Mar 9:20　　Mar 9:25　　Mar 10:14　Mar 12:34　Mar 14:67
　　Mar 14:69　Mar 15:39　Lu 1:12　　Lu 1:29　　Lu 5:2　　Lu 5:8
　　Lu 5:20　　Lu 5:27　　Lu 7:13　　Lu 7:39　　Lu 8:28　　Lu 8:47
　　Lu 10:31　Lu 10:33　Lu 11:38　Lu 13:12　Lu 15:20　Lu 17:14
　　Lu 17:15　Lu 18:24　Lu 19:5　　Lu 21:1　　Lu 21:2　　Lu 22:58
　　Lu 23:8　　Lu 23:47　Joh 1:38　　Joh 1:47　　Joh 5:6　　Joh 6:5
　　Joh 8:10　　Joh 8:56　　Joh 9:1　　Joh 11:32　Joh 11:33　Joh 12:41
　　Joh 19:26　Joh 19:35　Joh 20:5　　Joh 20:8　　Joh 20:14　Ac 3:12
　　Ac 7:31　　Ac 7:55　　Ac 8:18　　Ac 8:39　　Ac 9:8　　Ac 9:40
　　Ac 10:3　　Ac 10:11　Ac 12:3　　Ac 12:9　　Ac 13:12　Ac 13:36
　　Ac 13:37　Ac 17:16　Ac 28:4　　Ac 28:15　Re 1:2　　Re 12:13.
　e. 3 人称複数主語、過去時制　　68 例

Mat 2:9	Mat 2:10	Mat 2:11	Mat 4:16	Mat 8:34	Mat 9:8
Mat 9:11	Mat 12:2	Mat 12:22	Mat 14:26	Mat 15:31	Mat 17:8
Mat 18:31	Mat 21:15	Mat 21:20	Mat 21:38	Mat 26:8	Mat 27:54
Mat 28:17	Mar 2:16	Mar 3:11	Mar 5:16	Mar 6:33	Mar 6:49
Mar 6:50	Mar 7:2	Mar 9:8	Mar 11:20	Mar 16:4	Mar 16:5
Lu 2:48	Lu 8:34	Lu 8:36	Lu 9:32	Lu 9:54	Lu 18:15
Lu 18:43	Lu 19:7	Lu 20:14	Lu 22:49	Lu 24:24	Joh 1:39
Joh 2:23	Joh 6:2	Joh 6:22	Joh 6:24	Joh 11:31	Joh 19:6
Joh 19:33	Joh 20:20	Joh 21:9	Ac 3:9	Ac 4:13	Ac 6:15
Ac 9:35	Ac 12:16	Ac 13:45	Ac 14:11	Ac 16:19	Ac 21:27
Ac 21:32	Ac 22:9	Ac 28:6	Ga 2:7	Heb 3:9	Heb 11:23
Re 11:11	Re 18:18.				

6) sawest：2人称単数主語、過去時制　7例

| Re 1:20 | Re 1:20 | Re 17:8 | Re 17:12 | Re 17:15 | Re 17:16 | Re 17:18. |

7) a. to see：to 付不定詞　29例

Mat 11:7	Mat 11:8	Mat 13:17	Mat 15:31	Mat 22:11	Mat 26:58
Mat 28:1	Mar 5:14	Mar 5:32	Lu 8:20	Lu 8:35	Lu 9:9
Lu 10:24	Lu 17:22	Lu 19:3	Lu 19:4	Lu 23:8	Joh 8:56
Ac 2:27	Ac 13:35	Ac 28:20	Ro 1:11	Ro 15:24	Ga 1:18
1Th 2:17	1Th 3:6	1Th 3:6	2Ti 1:4	Re 1:12.	

b. for to see: for to 付不定詞　3例

| Lu 7:24 | Lu 7:25 | Lu 7:26. |

c. see: bare 不定詞

(i) 助動詞に続く場合　90例

Mat 5:8	Mat 5:16	Mat 7:5	Mat 11:4	Mat 12:38	Mat 13:14
Mat 13:15	Mat 23:39	Mat 24:15	Mat 24:30	Mat 24:33	Mat 26:64
Mat 28:7	Mat 28:10	Mar 4:12	Mar 12:15	Mar 13:14	Mar 13:26
Mar 13:29	Mar 14:62	Mar 15:32	Mar 16:7	Lu 2:26	Lu 3:6
Lu 6:42	Lu 8:10	Lu 8:16	Lu 11:33	Lu 13:28	Lu 13:35
Lu 14:18	Lu 17:22	Lu 20:13	Lu 21:20	Lu 21:27	Joh 1:33
Joh 1:50	Joh 1:51	Joh 3:3	Joh 3:36	Joh 6:30	Joh 6:62
Joh 7:3	Joh 8:51	Joh 9:15	Joh 9:19	Joh 9:39	Joh 11:40
Joh 12:9	Joh 12:21	Joh 12:40	Joh 16:16	Joh 16:16	Joh 16:17
Joh 16:17	Joh 16:19	Joh 16:19	Joh 16:22	Joh 18:26	Joh 20:25
Ac 2:17	Ac 2:31	Ac 19:21	Ac 20:25	Ac 20:38	Ac 22:11
Ac 22:14	Ac 28:26	Ac 28:27	Ro 11:8	Ro 11:10	Ro 15:21
1Co 16:7	Php 2:23	1Th 3:10	1Ti 6:16	Heb 11:5	Heb 12:14
Heb 13:23	1Pe 3:10	2Pe 1:9	1Jo 3:2	3Jo 14	Re 1:7
Re 3:18	Re 9:20	Re 11:9	Re 18:7	Re 18:9	Re 22:4

(ii) 使役動詞に続く場合　5例

第 6 章　See

　　　Mat 27:49　Mar 15:36　Lu 2:15　　Ac 15:36　Eph 3:9.
8)　seeing：現在分詞　47 例
　　　Mat 5:1　　Mat 9:2　　Mat 13:13　Mat 13:14　Mar 4:12　　Mar 11:13
　　　Lu 1:34　　Lu 5:12　　Lu 8:10　　Lu 23:40　Joh 2:18　　Joh 9:7
　　　Joh 21:21　Ac 2:15　　Ac 2:31　　Ac 3:3　　Ac 7:24　　Ac 8:6
　　　Ac 9:7　　 Ac 13:11　 Ac 13:46　 Ac 16:27　Ac 17:24　 Ac 17:25
　　　Ac 19:36　 Ac 24:2　　Ac 28:26　 Ro 3:30　 1Co 14:16　2Co 3:12
　　　2Co 4:1　　2Co 11:18　2Co 11:19　Col 3:9　 2Th 1:6　　Heb 4:6
　　　Heb 4:14　 Heb 5:11　 Heb 6:6　　Heb 7:25　Heb 8:4　　Heb 11:27
　　　Heb 12:1　 1Pe 1:22　 2Pe 3:11　 2Pe 3:14　2Pe 3:17.
9)　seene：過去分詞
　a. 受動文／受動不定詞　20 例
　　　Mat 6:1　　Mat 6:5　　Mat 9:33　　Mat 23:5　Mar 16:11（受動態完了相）
　　　Ac 1:3　　 Ac 13:31　 Ro 1:20　　Ro 8:24　1Co 15:5
　　　1Co 15:5（この箇所は AV 初版の誤植で、後の版では 5 節を 6 節に修正した。）
　　　1Co 15:7　 1Co 15:8　 2Co 4:18　 2Co 4:18　2Co 4:18　 2Co 4:18
　　　1Ti 3:16　 Heb 11:3　 Re 11:9.
　b. 完了文／完了不定詞　76 例
　　　Mat 2:2　　Mat 13:17　Mat 21:32　Mar 9:1　 Mar 9:9　　Mar 16:14
　　　Lu 1:22　　Lu 2:17　　Lu 2:20　　Lu 2:26　 Lu 2:30　　Lu 5:26
　　　Lu 7:22　　Lu 9:36　　Lu 10:24　 Lu 19:47　Lu 23:8　　Lu 24:23
　　　Lu 24:37　 Joh 1:18　 Joh 3:11　 Joh 3:32　Joh 4:45　 Joh 5:37
　　　Joh 6:14　 Joh 6:36　 Joh 6:46　 Joh 6:46　Joh 8:38　 Joh 8:38
　　　Joh 8:57　 Joh 9:8　　Joh 9:37　 Joh 11:45　Joh 14:7　 Joh 14:9
　　　Joh 15:24　Joh 20:18　Joh 20:25　Joh 20:29　Joh 20:29　Ac 1:11
　　　Ac 4:20　　Ac 7:34　　Ac 7:34　　Ac 7:44　 Ac 9:12　　Ac 9:27
　　　Ac 10:17　 Ac 11:13　 Ac 11:23　 Ac 16:10　Ac 16:40　 Ac 21:29
　　　Ac 22:15　 Ac 26:16　 1Co 2:9　　1Co 9:1　 Php 4:9　　Col 2:1
　　　Col 2:18　 1Ti 6:16　 Heb 11:13　Jas 5:11　1Pe 1:8　　1Jo 1:1
　　　1Jo 1:2　　1Jo 1:3　　1Jo 3:6　　1Jo 4:12　1Jo 4:14　　1Jo 4:20
　　　1Jo 4:20　 3Jo 11　　Re 1:19　　Re 22:8.
　c. 形容詞　2 例
　　　Heb 11:1　 Heb 11:7.
10)　seeing：動名詞　1 例
　　　2Pe 2:8.
11)　用例箇所：Mat 13:13　Lu 24:24　Joh 9:39　Ro 8:25　Heb 2:8.
12)　用例箇所（not）：　Joh 1:8　 1Pe 1:8.
　　（no more）：　Joh 14:19　Joh 16:10　Ac 8:39　Ac 20:28.
13)　用例箇所：Mat 17:8　Mar 9:8　Joh 8:10　Ac 9:8.
14)　奥（1994）"The Authorized Version (Genesis) に現れる肯定文中の助動詞 Do"『助動詞

Do 一起源・発達・機能一』pp. 168-70.

盛田（1994）"The Authorized Version 新約部分における助動詞 Do"『助動詞 Do 一起源・発達・機能一』pp. 185-6.

15) 命令：「見なさい」の用例箇所：
  Mat 28:6   Mar 6:38   Mar 13:1   Lu 17:23a Lu 17:23b Lu 24:39   Joh 1:39
  Joh 1:46   Joh 4:29   Joh 11:34 Re 6:1   Re 6:3   Re 6:5   Re 6:7.

16) 命令：「注意しなさい／心がけなさい」の用例箇所：
  Mat 8:4   Mat 9:30   Mat 24:6   Mar 1:44   Ac 23:22   1Co 16:10 2Co 8:7
  Eph 5:15   1Th 5:15   Heb 8:5   Heb 12:25 1Pe 1:22   Re 6:6   Re 19:10
  Re 22:9.

17) 命令：「始末しなさい」の用例箇所：
  Mat 27:4   Mat 27:24.

18) 完全自動詞の用例箇所：
  Mat 12:22 Mat 13:13 Mat 13:16 Mat 15:31 Mar 8:18   Lu 6:42   Lu 7:22
  Joh 9:7   Joh 9:15   Joh 9:19   Joh 9:21   Joh 9:25   Joh 9:39a Joh 9:39b
  Joh 9:39c Joh 9:41   Ac 22:11   Re 3:18   Re 9:20.

19) 不完全自動詞の用例箇所：
  Mat 6:6   Mat 6:18   Mat 7:5   Mat 13:15 1Co 13:12 2Pe 1:9   Re 15:2.

20) 擬似自動詞の用例箇所：
  Mat 13:13 Mat 13:14a Mat 3:14b Mar 4:12a Mar 4:12b Mar 6:38   Mar 15:32
  Lu 8:10a   Lu 8:10b   Lu 24:39   Joh 1:34   Joh 1:39   Joh 1:46   Joh 6:30
  Joh 11:34 Joh 12:40 Joh 20:8   Joh 20:9   Ac 28:26   Ac 28:27   Ro 11:8
  Ro 11:10   Ro 15:21   Re 6:1   Re 6:3   Re 6:5   Re 6:7   Re 22:8.

21) 目的補語（Adj/NP）の用例箇所：
  Mat 14:30 Mat 25:37 Mat 25:38 Mat 25:39
  Mat 25:44 Ac 16:27   Re 15:1   Re 17:6.

22) 目的補語（Ving）の用例箇所：
  Mat 3:16   Mat 4:18   Mat 4:21   Mat 9:9   Mat 9:23   Mat 14:26 Mat 16:28
  Mat 20:3   Mat 21:15 Mat 24:30 Mat 26:64 Mar 1:10   Mar 1:16   Mar 1:19
  Mar 2:14   Mar 5:31   Mar 6:33   Mar 6:48   Mar 6:49   Mar 9:14   Mar 9:38
  Mar 11:13 Mar 13:26 Mar 14:62 Mar 14:67 Mar 16:5   Lu 5:2   Lu 5:27
  Lu 9:49   Lu 21:1   Lu 21:2   Lu 21:27   Joh 1:29   Joh 1:32   Joh 1:33
  Joh 1:38   Joh 1:47   Joh 6:19   Joh 10:12 Joh 11:33 Joh 20:5   Joh 20:12
  Joh 20:14 Joh 21:20 Ac 3:9   Ac 7:55   Ac 10:3   Ac 10:11   Ac 22:18
  Ac 26:13   Heb 10:25 Re 4:4   Re 5:2   Re 7:1   Re 7:2   Re 13:1
  Re 14:6   Re 15:1   Re 15:2   Re 18:1   Re 19:17   Re 20:1   Re 21:2.

23) 目的補語（ppl）の用例箇所：
  Mat 8:14   Mar 1:10   Mar 11:20 Lu 21:20   Lu 23:8   Joh 20:1   Ac 7:56
  Ac 10:11   Ac 11:5   Ac 17:16   Heb 2:9   Re 4:4   Re 10:1   Re 17:6
  Re 19:11   Re 19:19.

24) 目的補語（bare 不定詞）の用例箇所：
    Mat 3:7   Mar 2:16   Mar 7:2   Mar 9:1   Mar 13:29 Lu 12:54   Lu 12:55
    Lu 21:31   Lu 24:39   Joh 1:51   Joh 5:6   Joh 5:19   Joh 6:5   Joh 6:62
    Joh 20:6   Ac 7:24   Ac 11:5   Ac 28:4   Ac 28:6   1Co 8:10   1Jo 5:16
    Re 9:1   Re 10:1   Re 10:5   Re 13:1   Re 14:6   Re 15:2   Re 16:13
    Re 17:3   Re 18:1   Re 20:1   Re 20:12.
25) *OED* s.v. See B 1.e. には "In early examples the inf. is often found where we should now use the complementary pple." との説明がある。
26) 目的補語（to 付不定詞）の用例箇所：
    Mat 15:31 2Co 12:6.
27) *OED* s.v. See B. 1.e. には " ... ; when in the active, the *to* is omitted. In early use, however, exceptions are not uncommon." との説明がある。
28) Mustanoja (1960) p.529 には "The verbs of perception are normally used with the plain infinitive: .... The infinitive with *to*, however, is occasionally found: ...." との説明がある。
29) Jespersen (1970) sec. 18.2₁ "*To* is rarer:"
30) ibid. "This *to* is chiefly used when *see* does not indicate immediate perception but an inference: ...."
31) 福田恆存 訳
32) 用例箇所：
    Mat 5:1   Mat 9:2   Mat 13:13 Mat 13:14 Mar 4:12   Mar 11:13 Lu 5:12
    Lu 8:10   Joh 21:21 Ac 2:31   Ac 3:3   Ac 7:24   Ac 9:7   Ac 8:6
    Ac 13:11   Ac 16:27   Ac 28:26.
33) 用例箇所：
    Lu 23:40   Ac 2:15   Ac 13:46   Ac 17:24   Ac 17:25   Ac 19:36   Ac 24:2
    1Co 14:16 2Co 3:12   2Co 4:1   2Co 11:18 2Co 11:19 Col 3:9   2Th 1:6
    Heb 4:6   Heb 4:14   Heb 5:11   Heb 12:1   1Pe 1:22   2Pe 3:11   2Pe 3:14
    2Pe 3:17.
34) *OED* s.v. Seeing では、このように使われる seeing を quasi-*conj*. とし、初出例は、1503年である。Paston Lett. III. 401 I wol .. exhorte you to take it as .. paciently as ye can, seeying that we al be mortal and borne to dey.
35) 用例箇所：
    Lu 1:34   Joh 2:18   Ro 3:30   Heb 6:6   Heb 7:25   Heb 8:4.
36) 1Jo 5:16.
37) 用例箇所：
    Mat 6:1   Mat 6:5   Mat 23:5   Mar 16:11 Ac 1:3   Ac 13:31   1Co 15:5
    1Co 15:6   1Co 15:7   1Co 15:8   1Ti 3:16.
38) *OED* s.v. See B. 25.b. では See to を "To attend to, do what is needful for; to provide for the wants of, to charge onself with (a duty, a business.)" と説明している。
39) *A Greek-English Lexicon of the New Testament* s.v. ὁράω 4.b.

第 7 章
Teach*

1　Teach の用例数

1.1　定形、非定形による分類

teach の全用例を定形、非定形で分類すると次の表 1 になります。

表 1　teach の定形及び非定形の頻度数

		旧約聖書	新約聖書	合　計
定　形				
teach	単数 1 人称・複数全人称・現在形など	27	10	37
teachest	単数 2 人称・現在形	1	7	8
teacheth	単数 3 人称・現在形	10	6	16
taught	単数 2 人称以外の過去形	18	30	48
taughtest	単数 2 人称・過去	0	0	0
	合　計	56	53	109
非定形				
teach	不定詞	48	24	72
teaching	現在分詞	2	20	22
taught	過去分詞	17	16	33
teaching	動名詞	0	3	3
	合　計	67	63	130
	総　計	123	116	239

teach はその変化形も含め、新約、旧約合わせて 239 の用例があります。

旧約部分で123例、新約部分で116例で、用例数の比はおよそ1：1になっています。定形と非定形の頻度はそれぞれ109と130で、その比率は1：1.2で、ごく大まかに言えばやはり1：1になっています。

　定形について観察すると、teach形は37例あります。その内訳は、表には出ていませんが、直説法で単数1人称・複数3人称主語[1]の現在形が合わせて4例、仮定法で5例、希求法で1例、命令法で27例、になっています。単数2人称・現在の定形teachestは8例あります。複数2人称の過去形taughtestの用例は全くありません。

　非定形について見ると、不定詞は72例で非定形の55％を占めています。表には出ていませんが、to付不定詞とbare不定詞はそれぞれ20例と52例あります。なお、for to付不定詞の用例はありません。

　現在分詞teachingは22例ありますが、その大部分は新約部分の用例で、旧約には2例しかありません。22例のうち、16例は分詞構文で、5例は進行相の文で、残りの1例は形容詞として、用いられています。

　過去分詞taughtは旧約と新約での頻度がそれぞれ17と16でほぼ等しくなっています。その内訳は受動文で14例、完了文で18例、形容詞として1例、が使われています。

　動名詞は3例ありますが、いずれも新約部分の用例です。

2　語　形（Conjugation）

2.1　定　形

　teachの定形は主語の人称と数、時制、法に応じて以下のようになっています。

2.1.1 現在時制

	直説法 単数	直説法 複数	仮定法／希求法 単数	仮定法／希求法 複数
1人称	I　teach	we　用例なし	用例なし	用例なし
2人称	thou　teachest	ye　teach	teach	用例なし
3人称	he/she　teacheth	they　teach	teach	〈teach〉

〈 〉は仮定法の可能性があることを示します。

直説法で1人称複数の主語に対応する teach は用例がありません。

2.1.2 過去時制

	直説法 単数	直説法 複数	仮定法 単数　複数
1人称	I　taught	we　用例なし	全て用例なし
2人称	thou　用例なし	ye　用例なし	
3人称	he/she　taught	they　taught	

taught の用例は1人称単数および3人称の単数と複数しかありません。

2.2 非定形

teach の非定形は以下の通りです。
1）不定詞　　　teach, to teach
2）現在分詞　　teaching
3）過去分詞　　taught
4）動名詞　　　teaching

3 統　語 (Syntax)

3.1 否定文

否定語 not, no more, neither による否定文がそれぞれ1例ずつあり、その他に、否定の NP を目的語にしたものが1例あります。それらを類型にして示

第 7 章　Teach

します。

1 ）Aux＋Neg (not) ＋ teach
(1) Did not wee straitly command you, that you should not teach in this Name? (Ac 5:28)
（あの名によって教えてはならないと、厳しく命じておいたではないか。）

2 ）Aux＋teach＋Neg (no more)
(2) And they shall teach no more euery man his neighbour, …: (Jer 31:34)
（人々は隣人どうし、…教えることはない。）

3 ）Neg (neither)＋Aux＋S＋taught
(3) For I neither receiued it of man, neither was I taught *it*, …. (Ga 1:12)
（わたしはこの福音を人から受けたのでも教えられたのでもなく、）

4 ）teach＋Neg (no other)＋NP
(4) … thou mightest charge some that they teach no other doctrine. (1Ti 1:3)
（あなたは…ある人々に命じなさい。異なる教えを説いたり…しないようにと。）

3.2　疑問文

teach を主動詞とする疑問文の用例は 5 例あります。

1 ）Yes-No 疑問文（Aux＋S＋teach…?）
(5) …, and doest thou teach vs? (Joh 9:34)
（おまえは…我々に教えようというのか）
この「do 支持」によるもの以外に用例はありません。

2 ）Wh 疑問文（Wh＋teach…?）
(6) …: who teacheth like him? (Job 36:22)
（神のような教師があるだろうか。）
teach と共起する Wh 疑問詞は who 以外にはありません。Wh 疑問文はこ

の用例の他に3例あります[2]。

3.3　否定疑問文
否定疑問文は以下の3例のみです。

1) teach＋S＋not…?
   (7) Thou therefore which teachest another, teachest thou not thy selfe? (Ro 2:21B)
       （それならば、あなたは他人には教えながら、自分には教えないのですか。）

助動詞を用いず、主語と主動詞 teach の語順を転倒させています。

2) Aux＋Neg＋S＋teach…?
助動詞 shall, doeth を伴った否定疑問文がそれぞれ1例あります。どちらの文も否定語 not は主語の左に置かれ、助動詞と隣接しています。
   (8) Shall not they teach thee? (Job 8:10)
       （父祖はあなたを教え導き…）
   (9) Doeth not euen nature it selfe teach you, that…? (1Co 11:14)
       （…ことを、自然そのものがあなたがたに教えていないでしょうか。）

3.4　命令文
teach の命令文はすべて肯定文です。それらを4種類に分類できます。

1) Teach
teach で始まる通常型は命令文の大部分であり、ほとんどの用例が旧約部分、しかも詩篇に集まっています[3]。
   (10) Teach me thy way, O LORD, …. (Ps 86:11)
        （主よ、あなたの道をお教えください。）

2) O＋teach
目的部分が teach より前に配置されるものが4例あります[4]。

(11) These things teach and exhort. (1Ti 6:2)
　　（これらのことを教え、勧めなさい。）

3) teach＋S

主語付きの命令文が 2 例あります[5]。

(12) That which I see not, teach thou me; (Job 34:32)
　　（わたしには見えないことを、示してください。）

4) 3 人称

3 人称への命令が 1 例あります。

(13) …, and let him teach them the maner of the God of the land. (2Ki 17:27)
　　（その地の神の掟を教えさせよ。）

3.5　受動文の動作主

受動文の過去分詞 taught に続く動作主 Agent は by ないしは of によって導かれます。

1) by＋Agent

(14) …, and their feare towards mee is taught by the precept of men: ….
　　(Isa 29:13)
　　（彼らがわたしを畏れ敬うとしても／それは人間の戒めを覚え込んだからだ。）

2) of＋Agent

(15) …: for yee your selues are taught of God to loue one an other. (1Th 4:9)
　　（あなたがた自身、互いに愛し合うように、神から教えられているからです。）

つぎの 2 文では Agent を示す of なのか、about と等価の of なのか明確には判別できません。

(16) And all thy children shalbe taught of the Lord, …. (Isa 54:13)
　　（あなたの子らは皆、主について教えを受け）

この文の曖昧さはヘブル語原典にさかのぼっても同じです。すなわち、ヘ

ブル語では Agent が前置詞によって表示される場合と、そうでない場合があり、(16) では前置詞による表示がありません。ヘブル語該当箇所は by Yahweh[6] とも about Yahweh とも解釈できます。(16) の旧約から引用された箇所が新約の (17) です。

   (17) And they shall be all taught of God. (Joh 6:45)
      （彼らはみな、神によって教えられる。[7]）

この文でも (13) と同様に of の意味は一つに絞れません。旧約の引用ですから旧約の曖昧性をそのまま引き継いでいるのは当然であるといえます。念のためギリシャ語原典を見てみると、

   καὶ   ἔσονται   πάντες διδακτοὶ τοῦ θεοῦ
   (And they shall be   all   taught of the God)

となっており、'of God' の対応語は冠詞とともに属格になっています。Agent marker の前置詞 ὑπὸ や ἀπὸ は使われていません。従って、解釈は曖昧になります。ギリシャ語の属格を英語の *of*-genitive に写し、曖昧さを残したのは適切な翻訳といえるでしょう。用例箇所は (14)、(15)、(16)、(17) 以外に by Agent で Eph 2:7 と 2Th 2:15 があります。

3.6 授与動詞の目的語

動詞 teach が取る二つの目的語の位置に焦点を合わせて用例を観察していくと、大部分（2つの目的語を持つ用例70の中で52例）が teach＋間接目的語（O_I）＋直接目的語（O_D）の標準的な語順になっています。以下ではそのような語順ではなく、特異な語順を持つものについて考察していきます。

1）teach＋O_D＋O_I

直接目的語の方が teach に隣接し、間接目的語がその後ろに来ています。

   (18) Moses therefore wrote this song the same day, and taught it the children of Israel. (De 31:22)
      （モーセは、その日、この歌を書き記してイスラエルの人々に教えた。）

第 7 章　Teach

　この文では O_I が O_D の後ろに置かれたのですから、to や vnto が O_I に添えられるのが通常のルールですが、それが避けられたのはなぜなのでしょうか。通常の文法通りに to を入れて、そのリズム・音調がどのようになるか考察してみましょう。

(18') Moses ... taught it to the children of Israel.

　この文の taught it to the はいかにもぎこちないリズムを作り出してしまいます。vnto にしてみると taught it vnto the は to を加えた場合よりもリズムはよくなりますが、間延びを感じさせてしまいます。文全体の音調はやはり、欽定訳が優れていると言えます。この音調が to や vnto を拒否したのであろうとの推測ができます。他方、O_D O_I の順序が選ばれたのには、ヘブル語原典の影響があるかもしれません。原典を見てみましょう。

(19) מֹשֶׁה ... וַיְלַמְּדָהּ אֶת־בְּנֵי יִשְׂרָאֵל

(Israel of　sons the　to　it taught and ... Moses)

　このヘブル語文には O_I の部分に to を意味する前置詞が付いているので、英語に直訳すれば、taught it to the sons になります。AV 翻訳者達はこの原典の語形が彼らに与えた影響力に抗して、英語のよりよいリズムを守ろうとしたことがうかがえます。しかしながら、O_D を O_I の前に置くという、この語順は結果的には原典と同じことになりました。つぎの例も同様です。

(20) Now therefore, write ye this song for you, and teach it the children of Israel: .... (De 31:19)

　　　(あなたたちは今、次の歌を書き留め、イスラエルの人々に教え、)

この箇所のヘブル語原典の表現も (18) とよく似ており、同じ前置詞が使われています。類似の構文について更に考えてみましょう。

(21) And ye shal teach them your children, ... (De 11:19)

　　　(あなたたちは…子供たちにもそれを教え、)

　この文の場合も (18') のように to ないし vnto を加えてそのリズム・音調を考えてみましょう。

(21') And ye shal teach them to your children, ...

この場合も、them to your の連鎖はぎこちないリズムを作り出してしまいます。vnto にすると一層悪くなります。ヘブル語原典では先の例と同じく、前置詞が使われ、語順は O_D O_I になっています。

teach O_D O_I の型は全て Deuteronomy（申命記）に出ています。この書の中に O_I O_D の語順を持つものも 3 例あります。

(22) Behold, I haue taught you Statutes, ….（De 4:5)
（見よ、わたしが…あなたたちに…掟…を教えた…）

(23) And the LORD commanded me at that time, to teach you Statutes, ….
(De 4:14)
（主はそのとき…掟…をあなたたちに教えるようにわたしに命じられた。）

上記 2 例の場合には、この語順の方が O_D to O_I、すなわち to teach Statutes to you、より優れたリズムになっています。残る 1 例は以下の通りです。

(24) They shal teach Iacob thy iudgments, ….（De 33:10)
（彼らはあなたの裁きをヤコブに…示し）

この文では O_I が (18) 以降のものとは違って代名詞ではないので、リズム・音調の点ではいままでとは異なった評価が必要になります。しかも、ヘブル語原典では O_D to O_I に相当する表現になっています。原典に忠実な翻訳をすればつぎのようになります。

(25) They shal teach thy iudgments to Iacob, ….

このようにしてみると、Iacob thy iudgments よりも、thy iudgments to Iacob の方が安定がよいと考えられます。けれども、teach まで含めてみますと、teach thy iudgments はリズムがよくありません。teach の後部歯茎音 [tʃ] と thy の歯間音 [ð] の折り合いが悪く、スムーズな流れが出来ません。teach Iacob thy iudgments の連鎖の方がはるかに発音しやすくなります。翻訳者達が (25) ではなく、(24) を選んだ理由はここにあると考えられます。

2) teach ＋ O_D ＋vnto O_I

vnto を伴う O_I もあります。

(26) And thou shalt teach them diligently vnto thy children, ….（De 6:7)

（子供たちに繰り返し教え、）

後置された O_I に vnto が付いたのですから何ら特異な用例ではありませんが、(21) とよく似た文であるにも拘わらず、vnto が挿入されています。なぜでしょうか。一つの理由はヘブル語原典に vnto 相当の前置詞が用いられているからですが、それだけでなく、diligently が入ることによって、(24) とは異なり、よい音調が形成されるからであろうと考えられます。

3) teach＋O_D＋O_D

直接目的語を2つ持つ用例があります[8]。

(27) And they shall teach no more euery man his neighbour, ... (Jer 31:34)

　　（そのとき、人々は隣人どうし、…教えることはない。）

この文の二つの並んだ目的語は同格であり、everyone of his neighbours を意味していると考えられます。ヘブル語原典ではつぎのようになっています。

(28) וְלֹא יְלַמְּדוּ עוֹד אִישׁ אֶת־רֵעֵהוּ

　　(his neighbour man again they will teach not And)

neighbour に当たる語は単数形で対格を意味する marker が付いています。euery man に当たる語は主語にも目的語にもなる形です[9]。AV 翻訳者たちは単数形を複数形にすることも、原典にない of を用いることも避けたのです。現代の訳版、RSV では O_D O_D と並べることを避けています。

(29) RSV: And no longer shall each man teach his neighbor....

この文では、each man を主語にした結果、(27) にある they（＝イスラエル人たち）を文脈で読みとらせることにして、文中で表現することを止めてしまったのです。もう一つの代表的な現代語版 REB ではつぎのようにしています。

(30) REB: No longer need they teach one another, neighbour ....

この文の方が、they も省略せず、原典を尊重したものになっています。目的語の位置は AV と同じですが、comma で区切ったことで現代人の文法感覚に沿うものになっています。

上記(29)とほとんど同じ構造と意味を持った文が新約部分にあります。
(31) And they shall not teach euery man his neighbour, …. (Heb 8:11)
　　　（彼らはそれぞれ自分の同胞に、…教える必要はなくなる。）
この用例は新約の「ヘブル人への手紙」の中にありますが、旧約の「エレミヤ書」31章34節、すなわち、(27)からの引用です。従って、内容上(27)と等価であり、構文上もほとんど同じものになるのは当然です。ただし、ギリシャ語原典ではeuery manに相当する語を単数主格にしています。従って、原典の意味はeach of themであろうと判断できますが、動詞は複数に対応しています。このように原典が整合性を欠いており、さらに、旧約の引用であることから、旧約の該当箇所(27)と同様にしたのであろうと考えられます[10]。なお、ここでは二つの目的語をO_Dとして扱いましたが、二つともO_Iとした方がよいのではないかとも考えられます。このこと、すなわち、O_DかO_Iかについては次節で考察します。

4) O_D＋関係代名詞（以後 Rel）＋S＋teach＋O_D

Relの先行詞であるO_Dを繰り返して表示した結果、二つ目のO_Dが存在することになりました。

(32) Blessed *is* the man whome thou chastenest, O LORD; and teachest him out of thy Law: …. (Ps 94:12)
　　　（いかに幸いなことでしょう／主よ、あなたに諭され／あなたの律法を教えていただく人は。）

この文ではteachestと先行詞the manとの距離が大きくなったために、the manをhimに代えてO_Dを繰り返したものと考えられます。また、ヘブル語原典の動詞はhimに相当する語尾を含んだ強調形（Piel形）になっています。このことから、翻訳者たちは強調の意味も含めてhimを繰り返したと判断されます。

5) teach＋O＋to 付不定詞

teachの目的語の直後にto付不定詞が配置される構造で、16例あります[11]。このto付不定詞をhow to付不定詞と等価であると考えれば、この型はteach O_I O_D の類型になります[12]。

(33) So teach vs to number our daies: .... (Ps 90:12)
　　（生涯の日を正しく数えるように教えてください。）
　この型は「教えて to-inf（数え）させる」という使役の意味内容をも持っており、その限りでは teach O C という型になり、make O C との類似性を持っているとも考えられます。この点が明瞭に出ている例を見ましょう。
(34) ..., they haue taught their tongue to speake lies, ... (Jer 9:5)
　　（人は…舌に偽りを語ることを教え）
　舌に偽りを語ることを教えた結果、舌は偽りを語ることになります。つまり、人は舌に偽りを語らせるのです。もう一例を見ましょう。
(35) ..., that thou teachest all the Iewes, ..., to forsake Moses, ... (Ac 21:21)
　　（あなたは…全ユダヤ人に対して、…モーセから離れるように教えているとのことです。）
　この文では、ユダヤ人をモーセから離れさせるために、あなたはユダヤ人たちを教えている、という使役の内容を持っています[13]。(34) は how to 付不定詞とも解釈できますが、(35) の to 付不定詞は (33) や (34) に比べて how to 付不定詞と取るには抵抗感があります。このように考察してくると、teach O to 付不定詞の構文はＳＶＯ_IＯ_DとＳＶＯＣの二つの場合があると考えられます。

3.7　二項動詞の目的語
　目的語を一つ持っている teach、すなわち、二項動詞としての teach は89例あります。これを目的語の性質よって2種類に分けて考察しましょう。

１）teach＋物事・事柄[14]
　目的語が物事や事柄を表わす名詞句や名詞節になっている場合があります。この場合、teach O の意味は「物事・事柄などを教える」のですから、O は O_D であると言えます。1例を示します。
(36) ..., he spake and taught diligently the things of the Lord, ... (Ac 18:25)
　　（彼は…イエスのことについて熱心に語り、正確に教えていた。）

この文を敷衍すれば、彼、すなわち、アポロという雄弁家はイエスのことをエフェソやその他の町の人々に教えていた、ということになります。つまり、物事・事柄などを教えるに当たっては、教えを受ける対象である人、ないしは擬人化されたものが文脈のどこかに想定されています。従って、teach O_D は、実は teach O_I O_D の O_I が省略されたものであると考えられます。

2) teach＋人[15]

teach の目的語が人ないし生きものである場合、その意味は「人などに教える」のであり、人は教える内容ではなく対象です。従って、O は O_I であると考えられます。1例を示します。

(37) For he taught them as one hauing authoritie, …. (Mat 7:29)

（権威ある者としてお教えになったからである。）

この文を敷衍すれば、彼、すなわち、イエスが彼ら、すなわち、群衆にたとえ話を通して神の真理を教えたのです。従って、them はで O_I あり、文脈をあてにして、O_D が省略されているのです。

上記7.1と7.2で考察したことから、teach O の文型が持つ O の性格は O_I と O_D があることがわかります。そして、その区別は O が animate か inanimate か、によると言えます。ただし、このことが当てはまらないものが1例あります。それを示します。

(38) …, they ceased not to teach and preach Iesus Christ. (Ac 5:42)

（使徒達は…絶えず教え、メシア・イエスについて福音を告げ知らせていた。）

この文ではイエス・キリストが、教えられる内容そのものとしての扱いをされていて、O_D となっています。なぜならば、イエス・キリストは「救い主イエスの教え・証し」を意味するからです。

3.8 自動詞

自動詞として使われたと判断できる用例を2種類に分けて考察します。

第7章　Teach

1）teach＋Zero-Adv[16]

teach の後に何も配置されない、すなわち、teach でその文が終わる、ないし区切りがある、ということです。用例を示します。

(39) Then cried Iesus in the Temple as he taught, …. (Joh 7:28)
　　（すると、神殿の境内で教えていたイエスは、大声で言われた。）

この文ではイエスが誰に何を教えていたかは具体的に表現されていませんが、文脈から、イエスは神の真理・旧約聖書の解説などを教え、それを聞いていた人がいたことは明らかです。従って、O_D も O_I も文脈の中に隠されているのであって、もともとは授与動詞の teach であると考えられます。しかしながら、つぎのような自動詞性の強い例もあります。

(40) …: hee that teacheth, on teaching: …. (Ro 12:7)
　　（また、教える人は教えに、…［精を出しなさい。］）

先の (39) に比べれば確かに自動詞性は高いを思われますが、「教える人」は何かを誰かに教えるという前提を当然持っているということは言えます。従って、この場合も他動詞性は隠されてはいますが、背後に存在していると考えられます。

2）teach＋Adv[17]

この型では teach の後に場所や時などを表す副詞相当語句、様態の副詞などが置かれます。用例を示します。

(41) And he beganne againe to teach by the Sea side: …. (Mar 4:1)
　　（イエスは、再び湖のほとりで教えはじめらた。）

この文の文脈の中に隠された内容を付け加えて敷衍すれば、「イエスは再び湖のほとりで、そこに集まった人々に喩えを使って、神の国の真理を教えはじめられた。」となります。やはり、この型も O_D や O_I を文脈の中に持っていることになります。

OED をも含めて、多くの辞書が自動詞としての teach を認めた編集をしていますが、上記のように考察すれば、少なくとも聖書の英語の範囲では O_I O_D を容易に想定できるので、自動詞としての teach は見かけ上のことで、実は授与動詞の性格を失っていないと言えるでしょう。

3.9 Do 支持
助動詞 do を伴う用法はつぎの 3 種類があります。

1) 肯定平叙文

肯定平叙文で teach と共起する助動詞 do の用例が一つあります。

(42) For his God doth instruct him to discretion, *and* doth teach him. (Isa 28:26)

（神はふさわしい仕方を彼に示し、教えられる。）

この文の teach はなぜ do の支持を受けることになったのでしょうか。ヘブル語の動詞は未来形であり、強調形ではありません。従って、強調の do という可能性は非常に低いと思われます。リズム・音調の点ではどうでしょうか。(42) の teach him と doth を使わない形、teacheth him とを比べると前者の [tiːtʃ əm] の方が後者 [tiːtʃəθ əm] より発音が容易であると思われます。更に、(42) の前半を考慮してみます。原文の his God doth instruct him は、同様の理由で his God instructeth him よりも、よい音調です。すなわち、～cteth の歯茎音 [t] から歯間音 [θ] へのつながりがうまくありません。更に、Dieter Stein[18] によれば、God や the Holy Spirit などのような宗教的な権威 (authority) を持った語が用いられる所では do が出現する傾向が強いとのことですから、それもこの場合に当てはまります。このような理由で、前半の do 使用が選択され、それとのバランスを取るためにも、後半の teach に「do 支持」を当てることになったと考えられます。

2) 疑問文

do は疑問文を作る操作詞 (operator) として teach を支持する例が一つあります。

(43) ..., and doest thou teach vs? (Joh 9:34)

（おまえは…我々に教えようというのか）

この文は「疑問文」の節で示した文 (5) の繰り返しですが、ここでは、なぜ、「do 支持」を用いた構造になるのか検討してみましょう。AV の通常の疑問文を作るルールに従えば、つぎのようになります。

(43') ..., teachest thou vs?

この文ではリズムも悪いし、荘重感がありません。(43) の方がはるかに勝っています。これが do を選択した理由だと思われます。

3 ）否定疑問文

否定疑問文の操作詞としての do と teach が結びつく例が一つあります。

(44) Doeth not euen nature it selfe teach you, that … ? (1Co 11:14)

(…ことを、自然そのものがあなたがたに教えていないでしょうか。)

AV の否定疑問文はその約半数の用例で do が使われることを Ellegård が示している[19]ように、否定疑問文での do の支持は少なくはありませんが、(44) でなぜ do を用いた構造が選択されたのでしょうか。この文を当時の一般的なルールで書き直してみましょう。

(44') Teacheth not euen nature it selfe you, that…?

文頭から nature it selfe までの連鎖には音調の点で不都合は感じられませんが、これに you が加わると、全体のバランスが一挙に崩れてしまいます。意味の把握の点でも you が遊離してしまいます。このような不都合を避けるために do-support の構文が選ばれたと考えられます。

3.10 屈折仮定法

主動詞 teach の屈折仮定法形が以下のように 2 種類のタイプで出てきます。

1 ）if 条件節

(45) If any man teach otherwise, …: Hee is proud, …. (1Ti 6:3)

(…教えにも従わない者がいれば、その者は傲慢で、…)

3 人称単数主語 any man に対応する語形が直説法の teacheth でなく、teach であることから、仮定法が使われていることが判ります。なお、ギリシャ語原典では直説法形が使われています。

2 ）need(e) に続く that 節

(46) …: and yee need not that any man teach you: …. (1Joh 2:27)

(だれからも教えを受ける必要がありません。)

前出の用例と同様、3 人称単数主語 any man に対応する語形が直説法の

teacheth でなく、teach であることから、仮定法が使われていることが判ります。この箇所ではギリシャ語原典でも仮定法形が使われています。類似のthat 節がもう1例あります（Heb 5:12）。

なお、同じく that 節で仮定法が使われているであろうと思われるものが2例（De 20:18, 1Ti 1:3）ありますが、主語が they であるため、明確な仮定法形とは判定できません。

3.11 希求法

主動詞 teach が希求法として使われているものが1例あります。

(47) ..., and forgiue the sinne of thy seruants, ..., that thou teach them the good way wherein they should walke, ... (1Ki 8:36)

（あなたの僕たち、…の罪を赦し、彼らに歩むべき正しい道を教え、…てください。）

ここで使われている that 節は結果を表わす副詞節と解釈されますが、その内容はソロモン王が神に対して祈り願っている場面ですので、希求法が用いられていると判断できます。なお、ヘブル語原典の対応語は直説法未来形です。

4 連 語（Collocation）

4.1 動詞連結

teach と接続詞 and で結びつけられる動詞にはどのようなものがあるのか観察します。

1）teach and V

この結びつきの型には以下に示すものがあります。

第 7 章　Teach

teach	and preach	Ac 5:42
taught	and preached	Ac 4:2
to teach	and to preach	Mat 11:1
teaching	and preaching	Ac 15:35
teaching	and admonishing	Col 3:16
teach	and exhert	1Ti 6:2
teaching	and iourneying	Lu 13:22
to teach	and to seduce	Re 2:20

　上記のデータから teach の後ろで and で結ばれる動詞は preach が比較的多いことが判ります。teach との最小対立語で韻を合わせ、音調をよくしていることが観察されます。

2）V and teach

　この結びつきは下記の 1 例しかありません。

command	& teach	1Ti 4:11

4.2　Teach と副詞類

　teach に隣接し、teach を修飾する副詞や副詞類を観察してみましょう。

1）teach＋(O/OO)＋Adv

a. 場所を表す Adv

in their/the Synagogue	Mat 4:23	Mat 9:35	Mat 13:54	Mar 6:2
	Lu 4:15	Joh 18:20		
in one of the Synagogues	Lu 13:10			
in the Temple	Mat 26:55	Mar 12:35	Lu 19:47	Lu 20:1
	Lu 21:37	Joh 8:20		
in the way	Ps 25:8	Ps 25:12	Ps 32:8	Pr 4:11
euery where	Ac 21:28	1Co 4:17		

in the cities of Iudah	2Ch 17:7	in Capernaum	Joh 6:59
in Iudah	2Ch 17:9	in the path of iudgement	Isa 40:14
in Israel	Ezr 7:10	in our streets	Lu 13:26
out of the ship	Lu 5:3	thorowout all Iurie	Lu 23:5
by the Sea side	Mar 4:1		

b. 様態を表す Adv

as one	Mat 7:29	Mar 1:22	
according to the perfect manner		Ac 22:3	
like him	Job 36:22	so	Mat 5:19
otherwise	1Ti 6:3	rightly	Lu 20:21

c. 手段を表す Adv

in the name of Iesus	Ac 4:18	in this Name	Ac 5:28
in all wisedome	Col 1:28	in the word	Ga 6:6
by the hand of God	Job 27:11	out of thy Law	Ps 94:12
with his fingers	Pr 6:13		

d. 動作主を表す Adv

by the precept of men	Isa 29:13	by him	Eph 4:21
by word	2Th 2:15		
of God	Joh 6:45	1Th 4:9	
of the Lord	Isa 54:13		

e. 関係を表す Adv

of his ways	Isa 2:3	Mic 4:2	
of all things	1Jo 2:27		

f. 時を表す Adv

on the Sabbath dayes	Lu 4:31	from my youth	Ps 71:17

g. 目的を表す Adv

第7章　Teach

  for doctrines   Mar 7:7

h. 対価を表す Adv

  for hyre   Mic 3:11

i. 追加を表す Adv

  also   Pr 4:4   2Ti 2:2

j. 反復を表す Adv

  againe   Mar 10:1

k. 否定を表す Adv

  no more   Jer 31:34

 上記のように多岐にわたる分布が見られます。場所を表す Adv は多いですが、時を表すものが極端に少ないことがわかります。

2) Adv＋teach

 teach の左に隣接して置かれる Adv の用例はきわめて少ないのです。

a. 追加を表す Adv

  also   Jer 2:33

b. 継続を表す Adv

  still   Ec 12:9

3) teach(O)＋Adv＋Adv

 teach の右側に二つの Adv が配置される例が少数あります。

in one of the Synagogues	on the Sabbath	Lu 13:10
euery where	against the people	Ac 21:28
euery where	in euery Church	1Co 4:17

5　成　句（Set Phrase）

5.1　teach somebody in the way

連語の節では in the way を場所を表わす副詞類として扱いましたが、この成句の意味は「道で教える」や「～の途中で教える」ではなく、「道を教える」なのです。次の例を見てください。

(1)　I haue taught thee in the way of wisedome: (Pr 4:11)
　　　（わたしはあなたに知恵の道を教え）

in the way はヘブル語原典の直訳です。way に当たる語の前に in に相当する前置詞が付いていますので、それが in に訳出されています。ところで、haue taught にあたるヘブル語の動詞[20]はその目的語を統語上、2つの方法で取ります。一つは対格による場合、もう一つは in や of や from にあたる前置詞を伴った名詞を取る場合です。(1) は二つめの語法によって目的語を表示したために in が付けられました。このようなヘブル語の動詞の語法を承知していれば RSV の該当箇所のように in を省いた英語になります。

(2)　RSV: I have taught you the way of wisdom;

もちろん対格による目的語の場合もあります。一例を示しましょう。

(3)　Teach me thy way, O Lord, ... (Ps 27:11)
　　　（主よ、あなたの道を示し…）

この文の Teach にあたるヘブル語は (1) の動詞と同じ基本形から出ており、目的語は対格になっています。teach somebody in the way の類型を取るものは (1) の他に3例あります[21]。なお、in the way ではなく、in the path になる例もあります。

(4)　..., and who ... taught him in the path of iudgement? (Isa 40:14)
　　　（裁きの道を教え…る者があろうか。）

5.2　teach somebody of one's way

(5)　..., and he will teach vs of his wayes, ... (Isa 2:3)
　　　（主はわたしたちに道を示される。）

前項の in the way と同様に of one's way が意味上は teach の目的語になっています。前置詞 of が付けられたのは (1) の場合と同様にヘブル語の直訳から来ています。この例の teach にあたるヘブル語の動詞は (1) と同じ基本形から出来ていますから、上記の説明のように of に相当する前置詞を伴った NP をも目的語として取ります。(5) はそのようなヘブル語の語法を忠実に逐語訳をした結果です。従ってこの類型は5.1と共にヘブライズムと言えます。

5.3　teach for hyre

(6)　..., and the priests thereof teach for hyre, ... (Mic 3:11)
　　（祭司たちは代価を取って教え）

for hyre「賃貸しで」が teach と結びついたので「金銭を取って」教えることになります。teach を使った現代語訳の表現をいくつか見てみましょう。

RSV: teach for hire
NIV: teach for a price
CEV: teach ... for money
NKJ: teach for pay

RSV は AV を引き継いでいますが、他版はもっと解りやすい語を用いています。

ヘブル語原典でもやはり hyre に当たる名詞に for に当たる前置詞を付加して for hyre に相当する 1 語にし、その後、teach に当たる動詞を置いています。従って、英語の表現とヘブル語の表現は等価であると言えますが、OED には ffor the hyre の用例が1495-7年に聖書とは関係のない文書に出ています[22]から、teach for hyre はヘブル語起源とはせず、英語起源と考えてよいでしょう。

6　まとめ

本章では動詞 teach の用法についていくつかの事実を示し、その振舞いを記述して考察しました。その要点を以下に記しておきます。

1．動詞 teach の用例は、定形で109例、非定形で130例、合計239例あります。
2．不定詞は bare 不定詞と to 付不定詞はありますが、for to 付不定詞はありません。
3．「do 支持」による否定文があります。
4．Yes-No 疑問文は「do 支持」によるものです。
5．否定疑問文で「do 支持」を用いています。
6．動詞 teach の受動文はその動作主を by および of で表示します。
7．AV の翻訳者達はヘブル語・ギリシャ語原典の語順等にできるだけ忠実に従おうとしていますが、リズム・音調の点で不都合があれば、この方針に固執せず、英語のリズムや音調を重要視しています。
8．16～17世紀の英語使用者は意味解釈に支障がなければ、teach O_D O_I を許容し、to や vnto を必ずしも要求しなかったと考えられます。すなわち、teach O_I O_D という語順の拘束力は今日ほど強くはなかったと思われます。あるいは、O_I とか O_D という区別を意識するのではなく、単に O と O、という意識だけがあったのかもしれません[23)]。ヘブル語の teach を意味する動詞は V NP（対格）NP（対格）という構造をも許容しますので、その影響があった可能性があります。
9．動詞 teach の目的語が一つの場合は、二つの目的語の一方が省略された結果です。従って、表面的には teach O_D か teach O_I として出てきますが、この動詞を使う人の意識下では teach O O が前提になっていたのではないかと推測されます。
10．動詞 teach が自動詞として用いられた場合、自動詞として振舞っているのは表面上のことで、程度の差はあれ、意識下では teach O O が前提になっていると推測されます。
11．「do の支持」を受けた teach が少数ありますが、疑問文だから do を用いたなどと言うのではなく、なぜそうしたかの積極的な理由が存在すると判断されます。
12．動詞 teach の連語関係で、動詞については preach と重ねられることが

第 7 章　Teach

多く、副詞類は場所や様態、手段を表すものと結びつきやすいことが判ります。

13. 成句 teach somebody in/of the way は teach somebody the way と等価であり、in や of はヘブル語の直訳です。ヘブル語の teach を意味する動詞は O_D を表示する際、対格の NP にする場合と in や of に当たる前置詞を NP に付ける場合があるためです。従って、この成句はヘブライズムです。

注

* 本章は『愛知県立大学外国語学部紀要（言語・文学編）』第33号（2001年3月公刊）の筆者の論文「欽定英訳聖書における動詞 *Teach* の文法」に加筆し、修正を加えたものである。
1) 直説法複数1人称および2人称現在形は用例がない。
2) 他の3例は Isa 40:13　Isa 40:14A　Isa 40:14B。
3) 通常形の他の例は　　De 4:9　　De 31:19　Job 6:24　Job 37:19　Ps 25:4
   Ps 25:5　　Ps 27:11　　Ps 90:12　Ps 119:12　Ps 119:26　Ps 119:33　Ps 119:64
   Ps 119:66　Ps 119:68　Ps 119:108　Ps 119:124　Ps 119:135　Ps 143:10　Pr 9:9
   Jer 9:20　/　Mar 28:19　Lu 11:1.
4) 他の3例は Job 34:32　Job 34:42　1Ti 4:11.
5) 他の1例は Ezr 7:25.
6) ヘブルの神の名は Yahweh が正しく、Jehovah は誤読と言われる。
7) この日本語訳は「神によって」としているが、この箇所は本文で示したように旧約 Isa 54:13 からの引用であり、旧約の「主について」と言う訳とは統一がとれていない。すなわち、'of God' は by God と等価なのか、about God の意味なのか決定できないことを、それぞれの箇所で別の訳文にすることによって、日本語訳でも表している。
8) ここで扱う O_D O_D という連鎖はつぎのような文とは無関係のものである。
   I struck him a heavy brow.
   この文は I struck him. と I struck a heavy brow. が重なり、O_D O_D の連鎖ができたという考え方がある。(Jespersen, 1927: 14.91-2; 安藤貞雄, 1991: 30-31)
9) ヘブル語では אִישׁ は単数にも複数にも呼応するので、they と euery man を同格とすることも不都合ではない。(橋本1998: 121-123)
10) ギリシャ語原典はつぎのようになっている。
    οὐ μὴ διδάξωσιν ἕκαστος τὸν πλησίον αὐτοῦ
    (not they shall teach everyone the neighbour his)
    これをそのまま英語に直訳すれば一応 (31) の英文ができる。ところが、everyone にあたる ἕκαστος は単数主格である。従って、each of them の意味になる。それで、GNB

では None of them will have to teach his fellow citizen .... としている。AV の訳文は GrB、GeB、BB にならったものである。

11) teach O to-inf の用例箇所
De 20:18   2Sa 22:35   Ps 18:34   Ps 90:12   Ps 143:10   Ps 144:1
Isa 48:17   Jer 9:5   Jer 12:16   Jer 13:21   Ho 11:3   Zec 13:5 /
Mat 28:20   Ac 21:21   Tit 2:4   Rev 2:14.

12) 安藤貞雄, 1991: 49 では Quirk, *et al.*, 1972: 838 を引用し、この「文型は SVOO 型と見ることができる」と述べている。

13) このような使役の意味は teach だけでなく、tell や persuade、advise や warn などの動詞にも内在している。

14) 用例箇所は以下のとおり。
teach O$_D$ [物事・事柄]: Le 14:57   2Ch 30:22   Job 32:7   Ezr 7:10
Isa 9:15   Jer 28:16   Jer 29:32 /   Mat 22:16   Mar 6:30
Mar 12:14   Lu 20:21   Ac 15:35   Ac 16:21   Ac 18:11
Ac 18:25   Ac 28:31   1Co 2:13   1Co 2:13   Ga 1:12   1Ti 1:3
1Ti 4:11   1Ti 6:2   Tit 6:11.

15) 用例箇所は以下のとおり。
teach O$_I$ [animate]:   Ex 24:12   De 4:10   J'g 8:16   2Ch 15:3
2Ch 17:9   2Ch 35:3   Ezr 7:25   Ne 8:9   Job 6:24
Job 8:10   Job 12:7   Job 12:8   Job 27:11 Ps 25:5
Ps 25:8   Ps 32:8   Ps 71:17   Ps 119:102 Pr 4:4
Pr 4:11   Pr 9:9   Pr 16:23   Isa 2:3   Isa 28:26
Isa 40:13   Isa 40:14   Jer 32:33   Jer 32:33 Mic 4:2 /
Mat 5:2   Mat 5:19   Mat 5:19   Mat 7:29   Mat 13:54
Mat 28:19   Mar 1:22   Mar 2:13   Mar 9:31   Mar 10:1
Lu 4:31   Lu 5:3   Lu 11:1   Lu 20:1   Lu 7:35
Joh 8:2   Joh 8:28   Joh 9:34   Ac 4:2   Ac 5:25
Ac 11:26   Ac 14:21   Ac 15:1   Ac 20:20   Ac 21:28
Ro 2:21   Ro 2:21   1Co 14:19   Col 1:28   Col 3:16
2Ti 2:2   Heb 8:11   1Jo 2:27   1Jo 2:27   1Jo 2:27
Re:2:20.

16) 用例箇所は以下のとおり。
teach Zero-Adv: Ex 35:34   Ps 60:title   Hab 2:19 /   Mat 21:23
Mar 1:21   Mar 6:6   Mar 11:17   Mar 14:49   Lu 6:6
Lu 5:17   Joh 7:14   Joh 7:28   Ac 1:1   Ac 5:21
Ro 12:7   Ro 12:7   1Ti   2:12   1Ti 3:2   2Ti 2:24.

17) 用例箇所は以下のとおり。
teach Adv :   2Ch 17:7   2Ch 17:9   Job 36:22   Pr 6:13
Mic 3:11 / Mat 4:23   Mat 9:35   Mat 11:1   Mat 15:9   Mat 26:55
Mar 4:1   Mar 6:2   Mar 7:7   Mar 12:35   Lu 4:15   Lu 13:10

Lu 13:22	Lu 13:26	Lu 19:47	Lu 20:21	Lu 21:37	Lu 23:5
Joh 6:59	Joh 8:20	Joh 18:20	Ac 4:18	Ac 5:28	1Co 4:17
Gal 6:6	1Ti 6:3.				

18) Dieter Stein (1990) pp. 63–66.
19) Alvar Ellegård (1953) p. 169.
20) この動詞の基本形は יָרָה。
21) 用例箇所は以下のとおり。
    Ps 25:8   Ps 25:12   Ps 32:8.
22) *OED* s.v. Hire *sb*. 1.
23) 天野（1988: 288）では、二つの目的語が「抽象格」を持っており、「二つの目的語はS構造において与格動詞との姉妹関係を条件として、どちらも目的格（対格）を付与される」可能性を示唆している。

第8章
総まとめ

　第1章から第7章まで7つの動詞の統語的振舞いや連語関係、成句などを観察してきました。本章ではそのような観察の中から、7つの動詞について共通の項目を選び出し、一覧表の形でその要点をまとめます。表中の動詞の配列は同類のものを隣接させますので、章の順序とは異なります。
　なお、○印は当該事項の用例が有ることを、×印は用例が無いことを表わします。△はその事項に相当する用例があることを表わします。

1　用例数、直説法の語形および for to 付不定詞

事項		Eat(e)	Go(e)	Make	Buy	Teach	Heare	See
用例数	OT	668	—	—	75	123	854	—
	NT	168	677	470	30	116	440	608
	計	836	677	470	105	239	1,294	608
OT÷NT		3.9	—	—	2.5	1.1	1.9	—
単数2人称現在形		thou eatest	thou goest	thou makest	thou buyest	thou teachest	thou hearest	thou seest
単数3人称現在形		he/she eateth	he/she goeth	he/she maketh	he/she buyeth	he/she teacheth	he/she heareth	he/she seeth
単数2人称過去形		×	thou wentest	thou madest	×	×	thou heardest	thou sawest
for to inf.		×	○	○	○	×	○	○

用例数を見ると、Go(e) は NT だけで 600 をはるかに超えています。Buy は OT と NT を合わせて 105 で、意外に少ないことが判ります。Teach もあまり多くありません。Heare はこの中では最多で 1,300 近くあります。同じ知覚動詞でも、See はその半分程度です。

OT はページ数の比では NT の 3.3 倍あります（序章 6.(4)）が、この数字より大きい数字を持つのは Eat(e) です。Buy、Heare、Teach は大分、数字が小さくなっています。すなわち、動詞の種類によって、OT でよく使われるものと、NT でよく使われるものがあることが判ります。

単数 2 人称・現在形および単数 3 人称・現在形の語尾変化、-st と -eth はしっかり守られています。単数 2 人称・過去形については用例のないものもありますが、語尾変化は守られています。

for to 付不定詞の用例はあっても少数ですが、一応、まだ存続しています。

2　否定文、疑問文、否定疑問文、命令文の主な類型と「do 支持」

事　項	Eat(e)	Go(e)	Make	Buy	Teach	Heare	See
否定文 V not	○	○	○	△	○	○	○
do 支持	○	×	×	×	×	×	○
疑問文 V S	○	○	○	×	×	○	○
do 支持	×	×	○	×	○	×	×
否定疑問文 V S not	○	△	×	×	○	○	○
do 支持	○	○	○	×	○	○	○
S 付命令文	○	○	×	×	○	○	○
否定命令文	V(S)not	V not	V not	×	×	×	×
do 支持	×	×	×	×	×	×	×

否定文では S＋V＋not の伝統的なルールを維持する傾向が強く出ています。Aux を使う場合もあります。「do 支持」によることはまれですが Eat(e) と See で使われます。ただし、Eat(e) に「do 支持」があるのは、第 2 章 3.8

節で述べたように、この動詞の場合、過去時制を通常、did eat で表示することによるためです。

疑問文の場合、疑問詞がある場合も無い場合も、V＋S が基本になっています。Buy と Teach に VS の用例が無いのは Aux を用いているからです。「do 支持」によるものが少数、Make と Teach にあります。

否定疑問文の場合は V＋S＋not が多いですが、Aux＋not＋S＋V もあります。その中で、Aux に do が使われる場合も多く、否定疑問文の用例がない Buy を除いて、どの動詞にも「do 支持」があります。

命令文の場合、主語を伴う命令文が、Make と Buy 以外で使われます。

否定命令文は V＋not で作られますが、授与動詞の Buy と Teach、知覚動詞の Heare と See では用例がありません。なお、「do 支持」を用いた命令文はありません。

3 屈折仮定法と希求法

事　項	Eat(e)	Go(e)	Make	Buy	Teach	Heare	See
屈折仮定法	except, if, lest, that, whether vntill 節	that 節	that 節	if 節	if, that 節	before, if, lest, that 節	if 節
希求法	○	×	○	×	○	○	×

屈折仮定法形は Eat(e) と Heare の場合、数種類の節で使われています。Go と Make 以外では、if の条件節での用例があります。Buy と See 以外で that 節での用例があります。

希求法の用例が、Eat(e), Make, Teach, Heare で少数ですが出てきます。

4 受動文の動作主

事　項	Eat(e)	Go(e)	Make	Buy	Teach	Heare	See
受動文の Agent	of A A-eaten	—	of A by A	×	of A by A	×	of A

　受動文は Go を除く 6 動詞に用例がありますが、その動作主（Agent）については、Buy と Heare ではそれを表示する用例がありません。他の 4 動詞では前置詞 of によって表示されています。Make と Teach では by も使われています。

5 目的補語の不定詞形

事　項	Eat(e)	Go(e)	Make	Buy	Teach	Heare	See
OC の inf 能動	—	—	to-inf bare-inf	—	—	bare-inf	to-inf bare-inf
受動	—	—	to-inf	—	—	×	×

　目的補語を要求する可能性のある 3 動詞、Make, Heare, See について、to 付不定詞になっているか、基本形になっているかを見ると、能動の場合、3 動詞とも、今日と同様、to の付かない基本形を取っていますが、Make と See は to 付不定詞も可能になっています。受動文では Make しか用例がありませんが、to 付不定詞になっています。

6　二重の直接目的語と後置された間接目的語

事項	Eat(e)	Go(e)	Make	Buy	Teach	Heare	See
V O_D O_D	×	—	×	×	○	○	○
V O_D O_I のO_I	—	—	×	for NP to NP	ø NP vnto NP	—	—

直接目的を2つ並べて置く構造がTeach, Heare, See に見られます。

間接目的を直接目的の右に後置した場合、Buy は for と共に to も挿入されています。Teach の場合は何も入れないものと、vnto を入れるものがあります。

7　完了形の助動詞

事項	Eat(e)	Go(e)	Make	Buy	Teach	Heare	See
完了形の助動詞	haue	be haue	haue	haue	haue	haue	haue

完了形を作る際の助動詞は7動詞とも haue を用いていますが、Go では OE 期以来のルールがまだ残っており、be も使われています。

8　成句の起源

成句	ヘブル語起源	ギリシャ語起源	英語起源
eat(e) of	○	○	
eat(e) on			○
eat(e) one's fill			○
eat(e) the labour of one's handes	○		
eat(e) one's own flesh	○		

Goe to now			○
goe a warfare			○
make toward			○
teach somebody in the way	○		
teach somebody of one's way	○		
teach for hyre			○
heare say/tell			○
see to it/that			○
合　計	5	1	8

　第1章で扱ったBuyの成句では起源を考察していませんので、上の表ではBuyの成句を除外しました。他の章で扱った成句の場合、その半分以上が英語起源であることが判ります。

あとがき

　昭和35年（1959年）、私は「英語を勉強したい」という単純な動機から名古屋大学文学部に入学しました。私の指導教官は William Blake の研究者、梅津済美先生でした。先生はその頃、博士論文を準備しておられ、先生の Blake 研究を通してものの見方、考え方を教わりました。

　1年時、英語の授業が週に4回ありましたが、その一つを当時、若手教官のお一人で新進気鋭の丹羽義信先生が担当なさいました。先生は夏休みの宿題として「英語学の領域でレポートを書いてくるように」との指示をなさいました。主題は学生の選択に任せられましたので、私は何にしようかと迷いましたが、結局、不定冠詞の意味と用法の変遷を扱うことにしました。時代を追って1次資料からデータを集め、数ページのレポートを英文で書き上げました。今から考えれば雑ぱくな内容であったと思いますが、丹羽先生はそれをプラスに評価してくださり、「英文で書いたのは君だけだよ。これからも頑張りなさい。」と励ましてくださいました。私の言語研究の端緒はこの丹羽先生からいただいた言葉にあります。学部に進学してからも丹羽先生のご指導を受けました。ゴート語の知識も先生からいただきました。古英語の授業は先生と私の1対1の個人教授でした。卒業後もご指導をいただき、今日に至っています。

　学部生の時に聖書英語へ私の関心を向けてくださったのは故前島儀一郎先生でした。先生は J. Bosworth の貴重本、*The Gothic and Anglo-Saxon Gospels with the Versions of Wycliffe and Tyndale* や A. Pollard の編集による『欽定訳聖書』（後日［1985年］、研究社から復刻版が出ました）を貸してくださり、勉強するように励ましてくださいました。先生は夏休みの数週間、成城のご自宅の書斎を開放してくださり、私は先生の書斎で Mustanoja や Björling を読ませていただきました。前島先生のご指導で卒業論文、"On the Subjunctive Mood in the Gospels" を書きました。これが私の聖書英語研究のスタートに

なりました。

　昭和47年（1972年）、私は幸いにも愛知県立大学から半年の国内研修の機会を与えられ、国際基督教大学大学院の聴講生になりました。そこでは清水　護先生の「聖書英語研究」の授業を通してこの分野の研究の基本を学ぶことができました。加えて、ヘブル語、ギリシャ語の原典との照合が重要な情報を提供してくれることを先生から学びました。

　昭和48年（1973年）、世界ルーテル連盟から奨学金をいただくという幸運に恵まれ、シカゴ大学とシカゴ・ルーテル神学大学（大学院大学、通称LSTC）で学ぶチャンスを得ました。シカゴ大学大学院では「英語学演習」でDr. Joe Williamsのご指導を得、LSTCではギリシャ語原典を使った釈義学の授業などでDr. Linssから懇切なご指導をいただきました。ヘブル語はChicago Theological SeminaryのFather Farrellにご教授いただきました。

　昭和60年（1985年）、St. Michael's College大学院で故Prof. Royerからご指導をいただきました。Royer先生は毎週論文作成の個人指導をしてくださり、論文の内容はもちろんですが、英語論文の書き方をこまごまと教えてくださいました。

　上記の先生方以外の多くの先生方、先輩方、同窓の方、研究会の会員、同僚の方々からいろいろと教えをいただき、ご意見をいただいて今日の私の研究結果があるわけですが、この小書を公刊することでその方々への学恩に少しでも報いることができるならばこの上なく幸せに思います。

　また、日本福音ルーテル教会総会副議長をなさっておられた故中嶋　誠牧師はご存命中、折あるごとに私の聖書英語研究に関心を示され、更に研究を進めるように励ましてくださいました。同師の励ましが本書作成の作業中にいつも私を後ろから押していてくださったと感じています。

　私事になりますが、小書をまとめる際、資料の整理や粗稿の推敲を担当した妻、順子と娘、智子に感謝します。

　　　2006年12月

　　　　　　　　　　　　　　　　　　　　　　　　　　著　者

参照文献

1. The Bible

Biblia Hebraica Stuttgartensia. (1997) Stuttgart: Deutsche Bibelgesellschaft.
Good News Bible. Today's English Version, (1976) New York: American Bible Society.
The Bible in English. (CD-ROM) (1996) Cambridge: Chadwyck-Healey Ltd.
The Bishops' Bible. A facsimile of the 1568 edition, (1998) Tokyo: Elpis Co. Ltd.
The Greek New Testament, with the Readings Adopted By the Revisers of The Authorized Version. (1882) Oxford: Clarendon Press.
The Holy Bible. A Facsimile of the Authorized Version published in the year 1611, (1982) Tokyo: Nan'un-do.
The Holy Bible. An Exact Reprint in Roman Type, Page for Page of the Authorized Version Published in the Year 1611, (1985) Tokyo: Kenkyusha/Oxford: OUP.
The Holy Bible. Contemporary English Version, (1995) New York: American Bible Society.
The Holy Bible. New International Version, (1984) Grand Rapids: Zondervan Bible Publisher.
The Holy Bible. Revised Standard Version, (1952) Minneapolis: Augsburg Publishing House.
The Moffatt Translation of The Bible. London: Hodder & Stoughton Ltd.
The Holy Bible. The New King James Version. Nashville: Thomas Nelson Publishers.
The Holy Bible. The Revised Version, London: CUP.
The Jerusalem Bible. (1968) London: Darton, Longman & Todd Ltd.
The New American Bible. (1991) Grand Rapids: Catholic World Press.
The Revised English Bible. (1989) OUP & CUP.
Aland, Kurt, *et al.* (ed.) (1968) *The Greek New Testament*. 2nd ed., Stuttgart: United Bible Societies.
Daniell, David ed. (1992) *Tyndale's Old Testament*. New Haven & London: Yale Univ. Press.
Green, Jay P. Sr. ed. & tr., (1983) *The Interlinear Hebrew-Greek-English Bible*. vol. I–IV, Grand Rapids: Baker Book House.
Marshal, Alfred, & Prebendary J. B. Phillips (1968) *The R.S.V. Interlinear Greek-English New Testament*. London: Samuel Bagster & Sons Limited.
Norton, David ed. (2005) *The New Cambridge Paragraph Bible with the Apocrypha* (King James Version). Cambridge: CUP.
Wallis, N. Hardy (ed.) (1938) *The New Testament Translated by William Tyndale 1534*. Cambridge: CUP.
Weigle, Luther A. ed. *The New Testament Octapla*. New York: Thomas Nelson & Sons.
『聖書』(1982)　東京：日本聖書協会.
『聖書 新共同訳』(1987)　東京：日本聖書協会.

2. Concordance/Lexicon

Bates, Steven L. & Sidney D. Orr comp. (1978) *A Concordance to the Poems of Ben Jonson.* Athens: Ohio Univ. Press.

Danker, Frederick W. rev. & ed. (2000) *A Greek-English Lexicon of the New Testament and other Early Christian Literature.* 3rd ed. Chicago & London: The Univ. of Chicago Press.

Davidson, Benjamin (1974) *The Analytical Hebrew and Chaldee Lexicon.* London: Samuel Bagster & Sons Ltd.

Di Cesare, Mario A. & Rigo Mignani ed. (1977) *A Concordance to the Complete Writings of George Herbert,* Ithaca & London: Cornell Univ. Press.

Gilmore, Alec (2000) *A Dictionary of the English Bible and its Origins.* London/Chicago: Fitzroy Dearborn Publishers.

Harris, William H. & Judith S. Levey (1975) *The New Columbia Encyclopedia.* New York & London: J.B. Lippincott Company.

Palmer, Alan & Veronica Palmer (1981) *Who's Who in Shakespear's England.* New York: St. Martin's Press.

Spevack, Marvin (1968) *A Complete and Systematic Concordance to the Works of Shakespeare.* vol. 4, Hildesheim: Georg Olms.

Strong, James (1982 repr.) *Strong's Exhaustive Concordance.* Grand Rapids: Baker Book House.

Thayer, Joseph Henry (1961) *A Greek-English Lexicon of the New Testament.* Edinburgh: T & T Clark.

The Analytical Greek Lexicon. (1967 repr.) London: Samuel Bagster & Sons Ltd.

The Oxford English Dictionary, 1st ed. (1961 repr.), Clarendon: OUP.

Whitaker, Richard E. comp. (1988) *The Eerdmans Analytical Concordance to the Revised Standard Version of the Bible.* Grand Rapids: William Eerdmans Publishing Company.

Young, Robert (1971 repr.) *Analytical Concordance to the Holy Bible.* 8th ed., London: Lutterworth Press.

聖書大事典編集委員会 (1989) 『旧約・新約聖書大事典』 東京：教文館.

西川正身・平井正穂 編著 (1985) 『英米文学辞典』 (第3版) 東京：研究社.

3. References

Allen, Ward S. & Edward C. Jacobs (1995) *The Coming of the King James Gospels.* Fayetteville: The Univ. of Arkansas Press.

Barber, Charles (1976) *Early Modern English.* London: Andre Deutch Ltd.

Björling, Augusta (1926) *Studies In The Grammar Of The Early Printed English Bible Versions.* Lund: Berlingska Boktryckeriet.

Blass, Friedrich & Albert Debrunner (1961 tr. by Robert W. Funk) *A Greek Grammar of the New Testament.* Chicago & London: The Univ. of Chicago.

Bobrick, Benson (2001) *Wide as the Waters: The Story of the English Bible and the Revolution It Inspired.* New York: Simon & Schuster. (邦訳：永田竹司 監修、千葉喜久枝、大泉尚子 訳 (2003) 『聖書英訳物語』東京：柏書房.)

Bruce, F. F. (1961) *The English Bible.* London: Methuen & Co. Ltd.
Colwell, Ernest C. (1967) *The Study of the Bible.* Chicago & London: The Univ. of Chicago Press.
Cranfield, C. E. B. (1986) *A Critical and Exegetical Commentary on The Epistle to the Romans.* vol. II. Edinburgh: T. & T. Clark.
Cressy, David & Lori A. Ferrell (ed.) (1996) *Religion and Society in Early Modern England.* London & New York: Routledge.
Edward, David L. (1983) *Christian England.* vol. 2, London: Collins.
Ellegård, Alvar (1953) *The Auxiliary Do: The Establishment and Regulation of Its Use in English.* Stockholm: Almqvist & Wiksell.
Elliot, Melvin E. (1967) *The Language of the King James Bible.* New York: Boubleday & Company, Inc.
Eselen, F. C., Edwin Lewis & D. G. Downey (1929) *The Abingdon Bible Commentary.* New York: Doubleday.
Fowler, David C. (1976) *The Bible in Early English Literature.* Seattle & London: Univ. of Washington Press.
Grainger, James M. (1907) *Studies in the Syntax of the King James Version.* (*Studies in Philology*, vol. 2) Chapel Hill: The Univ. Press.
Greenslade, S. L. (ed.) (1963) *The Cambridge History of The Bible,* —The West from the Reformation to the Present Day—. Cambridge: CUP.
Harrison, G. B. (1941) *Elizabethan and Jacobean Journals 1591–1610.* vol. IV, London & New York: Routledge.
Huddleston, Rodney & Geoffrey K. Pullum (2002) *The Cambridge Grammar of the English Language.* Cambridge: CUP.
Hughes, Merritt Y. (ed.) (1957) *John Milton,* Complete Poems and Major Prose. Indianapolis: The Bobbs-Merrill Company, Inc.
Hunt, Geoffrey (compiled)(1970) *About the New English Bible.* Cambridge: CUP/OUP
Jespersen, Otto (1974) *A Modern English Grammar on Historical Principles.* Part III, IV, V (Syntax), London: George Allen & Unwin Ltd.
Lass, Roger (ed.) (1999) *The English Language,* vol. III 1476–1776. Cambridge: CUP.
Maetzner, E. tr. by Clair James Grece (1962) *An English Grammar.* vol. III, Tokyo: Senjo Publ. Co., Ltd.
May, Herbert G. (1965) *Our English Bible in the Making.* Philadelphia: The Westminster Press.
McCrum, Robert, William Cran & Robert MacNeil, (1986) *The Story of English.* London: BBC Publications.
Metzger, Bruce M. (1971) *A Textual Commentary On The Greek New Testament.* London/N.Y.: United Bible Societies.
Mr. William Shakespeare's Comedies, HIstories, & Tragedies, A Facsimile of the First Folio, 1623. New York & London: Routledge.
Mustanoja, Tauno F. (1960) *A Middle English Syntax.* Helsinki: Societe Neophilologique.
Nicoll, W. Robertson (ed.) (1976) *The Expositor's Greek Testament.* Michigan: WM. B. Errdmans

Publ. Comp.
Norton, David (2005) *A Textual History of the King James Bible*. Cambridge: CUP.
Opfell, Olga S. (1982) *The King James Bible Translators*. Jefferson & London: McFarland.
Partridge, A. C. (1973) *English Biblical Translation*. London: Andre Deutsch.
Partridge, Eric (1940) *A New Testament Word Book*. New York: Books for Libraries Press.
Poutsma, Hendrik (1916) *A Grammar of Late Modern English*, Part II. Groningen: P. Noordhoff.
Prickett, Stephen & Robert Barnes (1991) *The Bible*. Landmarks of World Literature, Cambridge: CUP.
Quirk, Randolph, Sidney Greenbaum, Geoffrey Leech & Jan Svartvik (1985) *A Comprehensive Grammar of the English Language*. London & New York: Longman.
Stein, Dieter (1990) *The Semantics of Syntactic Change: Aspects of the Evolution of do in English*. Berlin & New York: Mouton de Gruyter.
Williams, Joseph M. (1975) *Origins of the English Language—A Social and Linguistic History—*. New York: The Free Press.
天野政千代（2000）『英語二重目的語構文の統語構造に関する生成理論的研究』東京：英潮社.
安藤貞雄（1991）『英語教師の文法研究』東京：大修館書店.
市河三喜（1958）『聖書の英語』東京：研究社.
大久間慶四郎（1978）『大学への世界史の要点』東京：研文書院.
大塚高信（1962）『シェイクスピア及聖書の英語』東京：研究社.
小西友七編（1980）『英語基本動詞辞典』東京：研究社.
田川建三（1997）『書物としての新約聖書』東京：勁草書房.
塚田　理（2006）『イングランドの宗教』東京：教文館.
寺澤芳雄（1985）『翻刻版「欽定英訳聖書」——文献学的・書誌学的解説——』東京：研究社.
寺沢芳雄・船戸英夫他（1969）『聖書の英語』東京：冨山房.
中尾祐治・天野政千代編著（1994）『助動詞 Do —起源・発達・機能—』東京：英潮社.
永嶋大典（1988）『英訳聖書の歴史』東京：研究社.
橋本　功（1995）『聖書の英語』東京：英潮社.
——— （1998）『聖書の英語とヘブライ語法』東京：英潮社.
深山　祐（1996）『英訳聖書小史』東京：南窓社.

聖書引用箇所の索引

※数字の意味を例示します。
例：Genesis 3:1＝2-5.1
　　「創世記3章1節は本書の第2章、第5節、第1項の用例に出ている」

Genesis（創世記）
3:1　＝ 2-5.1	33:19 ＝ 1-5.1	42:2　＝ 1-5.6
3:22 ＝ 2-3.6	39:1　＝ 1-5.5	47:19 ＝ 1-5.1
21:26 ＝ 4-3.1	41:15 ＝ 4-5.1	47:20 ＝ 1-3.6
27:6　＝ 4-3.6	42:2　＝ 1-3.4	47:22 ＝ 1-3.1

Exodus（出エジプト記）
12:9　＝ 2-3.5	12:45 ＝ 2-3.1	16:35 ＝ 2-3.8
12:43 ＝ 2-3.1	13:7　＝ 2-3.9	34:28 ＝ 2-3.8

Leviticus（レビ記）
3:17　＝ 2-3.1	22:11 ＝ 1-3.6	25:19 ＝ 2-5.3
17:12 ＝ 2-3.1	25:14 ＝ 1-3.8	26:5　＝ 2-5.3
19:23 ＝ 2-5.1	25:15 ＝ 1-3.3	

Numbers（民数記）
23:24 ＝ 2-3.6	

Deuteronomy（申命記）
4:5　＝ 7-3.6	11:19 ＝ 7-3.6	28:68 ＝ 1-3.1
4:33 ＝ 4-3.2	12:23 ＝ 2-3.6	31:19 ＝ 7-3.6
6:7　＝ 7-3.6	16:3　＝ 2-3.1	31:20 ＝ 2-5.3
8:10 ＝ 2-5.3	20:18 ＝ 7-3.10	31:22 ＝ 7-3.6
9:18 ＝ 2-3.8	23:24 ＝ 2-5.3	33:10 ＝ 7-3.6

Judges（士師記）
13:7　＝ 2-3.5	

Ruth（ルツ記）
4:5　＝ 1-5.5	4:8　＝ 1-3.3

1 Samuel（サムエル記上）
1:7　＝ 2-3.1	9:20　＝ 2-5.2
1:8　＝ 2-3.3	24:9　＝ 4-3.2

2 Samuel（サムエル記下）
12:17 ＝ 2-3.1	22:7　＝ 4-3.7	24:24 ＝ 1-5.4
19:35 ＝ 4-3.2	22:24 ＝ 1-5.1	

1 Kings（列王記上）
  8:36 ＝ 7-3.1   8:43 ＝ 4-3.4   13:22 ＝ 2-3.5
2 Kings（列王記下）
  17:27 ＝ 7-3.4   19:25 ＝ 4-3.3
1 Chronicles（歴代誌上）
  21:24 ＝ 1-5.1
2 Chronicles（歴代誌下）
  30:18 ＝ 2-3.8
Ezra（エズラ記）
  7:17 ＝ 1-5.2
Nehemia（ネヘミヤ記）
  5:16 ＝ 1-3.1   10:31 ＝ 1-3.1
Job（ヨブ記）
  8:10 ＝ 7-3.3   27:9 ＝ 4-3.2   34:32 ＝ 7-3.4
  13:28 ＝ 2-3.9   30:20 ＝ 4-3.1   36:22 ＝ 7-3.2
Psalms（詩篇）
  20:1 ＝ 4-3.9   86:11 ＝ 7-3.4   106:28 ＝ 2-3.8
  27:11 ＝ 7-5.1   90:12 ＝ 7-3.6   115:6 ＝ 4-3.5
  34:2 ＝ 4-3.5   94:12 ＝ 7-3.6   128:2 ＝ 2-5.4
Proverbs（箴言）
  4:11 ＝ 7-5.1   23:6 ＝ 2-3.5   31:27 ＝ 2-3.1
  13:25 ＝ 2-5.3   24:13 ＝ 2-3.4
Ecclesiastes（コヘレトの言葉）
  2:25 ＝ 2-3.2   5:12 ＝ 2-3.6
  4:5 ＝ 2-5.5   7:21 ＝ 4-3.8
Isaiah（イザヤ書）
  1:15 ＝ 4-3.5   40:14 ＝ 7-5.1   55:1 ＝ 1-3.3
  2:3   ＝ 7-5.2   43:24 ＝ 1-3.1   55:1 ＝ 1-5.3
  28:26 ＝ 7-3.9   43:24 ＝ 1-3.5   60:18 ＝ 4-3.1
  29:13 ＝ 7-3.5   54:13 ＝ 7-3.5   66:8 ＝ 4-3.2
Jeremiah（エレミヤ書）
  9:5   ＝ 7-3.6   32:7 ＝ 1-3.3   44:26 ＝ 4-3.4
  31:34 ＝ 7-3.1   32:7 ＝ 1-3.5   52:33 ＝ 2-3.8
  31:34 ＝ 7-3.6   32:8 ＝ 1-3.3
Ezekiel（エゼキエル書）
  3:1 ＝ 2-3.4   18:25 ＝ 4-3.4
Daniel（ダニエル書）
  5:23 ＝ 4-3.1   10:3 ＝ 2-3.8
Hosea（ホセア書）
  3:2 ＝ 1-3.5

Micah（ミカ書）
　　1:2　＝ 4-3.4　　　　　3:11　＝ 7-5.3
Zechariah（ゼカリヤ書）
　　7:6　＝ 2-3.3　　　　　7:7　＝ 4-3.3
Matthew（マタイによる福音書）
　　5:36　＝ 5-3.1　　　　14:20　＝ 2-3.8　　　　25:38　＝ 6-3.2
　　5:45　＝ 5-3.9　　　　15:6　＝ 5-3.5　　　　25:37　＝ 6-3.2
　　7:29　＝ 7-3.7　　　　15:31　＝ 6-3.6　　　　25:37　＝ 6-3.6
　　9:11　＝ 2-3.2　　　　15:37　＝ 2-3.8　　　　25:39　＝ 6-3.2
　　9:23　＝ 5-3.1　　　　18:12　＝ 3-3.3　　　　25:44　＝ 6-3.2
　　10:5　＝ 3-3.4　　　　21:6　＝ 4-3.2　　　　26:19　＝ 5-3.1
　　10:23 ＝ 3-3.1　　　　21:12　＝ 1-3.3　　　　26:71　＝ 3-3.6
　　11:7　＝ 3-3.2　　　　21:28　＝ 3-4.2　　　　27:4　＝ 6-3.4
　　13:18 ＝ 4-3.4　　　　23:25　＝ 5-3.1　　　　27:7　＝ 1-5.2
　　14:13 ＝ 4-3.5　　　　23:39　＝ 6-3.1　　　　27:13　＝ 4-3.3
　　14:15 ＝ 5-3.4　　　　24:2　＝ 6-3.3　　　　27:24　＝ 6-5.1
　　14:20 ＝ 2-3.8　　　　25:9　＝ 1-3.3　　　　28:6　＝ 6-3.4
Mark（マルコによる福音書）
　　1:17　＝ 5-3.9　　　　5:39　＝ 5-3.2　　　　12:36　＝ 5-3.1
　　1:44　＝ 6-3.4　　　　6:37　＝ 1-3.2　　　　13:15　＝ 3-3.4
　　2:12　＝ 6-3.1　　　　7:28　＝ 2-5.1　　　　14:58　＝ 4-3.6
　　3:12　＝ 5-3.1　　　　9:8　＝ 6-3.1　　　　16:13　＝ 3-4.1
　　4:1　＝ 7-3.8　　　　11:14　＝ 2-3.1
　　5:30　＝ 3-3.6　　　　11:14　＝ 2-3.7
Luke（ルカによる福音書）
　　1:17　＝ 5-4.3　　　　7:3　＝ 4-3.5　　　　18:6　＝ 4-3.4
　　1:34　＝ 6-3.8　　　　8:46　＝ 3-3.6　　　　19:3　＝ 6-3.7
　　2:15　＝ 3-3.4　　　　9:13　＝ 1-3.1　　　　19:32　＝ 3-4.8
　　4:23　＝ 4-3.6　　　　9:49　＝ 6-3.6　　　　21:8　＝ 3-3.5
　　5:15　＝ 4-3.5　　　　11:39　＝ 5-3.5　　　　22:36　＝ 1-3.3
　　5:30　＝ 2-3.2　　　　11:40　＝ 5-3.3　　　　24:28　＝ 5-3.1
　　5:33　＝ 5-3.2　　　　15:4　＝ 3-3.3　　　　24:28　＝ 3-3.6
　　5:34　＝ 5-3.2　　　　15:32　＝ 5-3.1　　　　24:28　＝ 5-4.6
John（ヨハネによる福音書）
　　2:16　＝ 5-3.4　　　　7:20　＝ 3-3.2　　　　11:8　＝ 3-3.2
　　4:1　＝ 5-4.1　　　　7:28　＝ 7-3.8　　　　11:31　＝ 6-3.7
　　4:4　＝ 3-4.9　　　　7:51　＝ 4-3.8　　　　12:34　＝ 4-3.5
　　5:9　＝ 5-3.5　　　　8:6　＝ 4-3.1　　　　12:47　＝ 4-3.8
　　6:5　＝ 1-3.2　　　　8:53　＝ 5-3.2　　　　13:36　＝ 3-3.2
　　6:10　＝ 5-3.9　　　　9:21　＝ 6-4.5　　　　14:17　＝ 6-3.1

6:22 = 3-3.1	9:25 = 6-3.5	14:19 = 6-4.2
6:45 = 7-3.5	9:31 = 4-3.1	18:26 = 6-3.3
6:53 = 2-3.6	9:34 = 7-3.2	20:1 = 6-3.6
6:56 = 2-3.6	9:34 = 7-3.9	20:8 = 6-3.5
6:68 = 3-3.2	10:20 = 4-3.2	21:3 = 3-4.5
7:19 = 3-3.2	10:24 = 5-3.2	21:21 = 6-3.8

Acts（使徒言行録）

1:1 = 5-3.5	8:36 = 6-3.4	21:40 = 5-3.5
2:8 = 4-3.2	9:4 = 4-3.6	24:4 = 4-3.6
2:11 = 4-3.7	9:13 = 4-3.5	24:25 = 3-3.4
2:15 = 6-3.8	12:23 = 2-3.9	24:25 = 3-3.4
2:28 = 5-4.3	13:31 = 6-3.1	25:9 = 3-3.2
2:31 = 6-3.1	16:3 = 3-3.8	26:6 = 5-3.1
3:3 = 3-3.8	18:25 = 7-3.7	26:6 = 5-4.5
3:12 = 5-3.5	20:1 = 3-3.8	26:21 = 3-4.4
5:28 = 7-3.1	20:22 = 3-4.7	26:24 = 5-3.6
5:42 = 7-3.7	20:25 = 3-4.6	27:40 = 5-5.1
7:35 = 5-3.2	21:4 = 3-3.1	
7:50 = 5-3.3	21:21 = 7-3.6	

Romans（ローマの信徒への手紙）

1:9 = 5-3.5	3:31 = 5-3.2	9:29 = 5-4.3
2:21 = 7-3.3	5:5 = 5-3.1	12:7 = 7-3.8

1 Corinthians（コリントの信徒への手紙 1）

3:13 = 5-4.3	10:3 = 2-3.8	13:12 = 6-3.5
6:20 = 1-5.2	11:14 = 7-3.3	15:22 = 5-3.5
8:10 = 6-3.9	11:14 = 7-3.9	
9:7 = 3-5.2	12:13 = 5-3.9	

2 Corinthians（コリントの信徒への手紙 2）

2:2 = 5-3.7	5:21 = 5-3.9

Galatians（ガラテヤの信徒への手紙）

1:12 = 7-3.1	1:19 = 6-3.7	4:4 = 5-4.5
1:17 = 3-3.1	3:3 = 5-3.1	4:21 = 4-3.3

Ephesians（エフェソの信徒への手紙）

2:15 = 5-3.10	4:26 = 3-3.4

Philippians（フィリピの信徒への手紙）

2:7 = 5-3.1

1 Thessalonians（テサロニケの信徒への手紙 1）

3:12 = 5-3.8	4:9 = 7-3.5
14:6 = 3-3.1	4:36 = 3-3.7

1 Timothy（テモテへの手紙 1）

1:3	= 7-3.1	3:16	= 6-4.4	6:3	= 7-3.10
1:9	= 5-3.1	6:2	= 7-3.4		

2 Timothy（テモテへの手紙 2）
    1:13 = 4-3.5

Philemon（ピレモンへの手紙）
    4 = 5-3.1

Hebrews（ヘブライ人への手紙）

2:8	= 6-3.1	7:19	= 5-3.1	9:24	= 5-3.1
5:12	= 7-3.10	8:5	= 5-3.7	9:24	= 5-4.5
7:3	= 5-3.1	8:11	= 7-3.6		
7:16	= 5-3.1	9:6	= 3-4.8		

James（ヤコブの手紙）
    1:19 = 4-3.5

1 Peter（ペテロの手紙 1）
    5:10 = 5-3.8

2 Peter（ペテロの手紙 2）

1:8	= 5-3.1	2:12	= 5-4.2

1 John（ヨハネの手紙 1）

2:27	= 7-3.10	4:17	= 5-3.5
4:3	= 4-3.5	5:15	= 4-3.8

Revelation（ヨハネの黙示録）

1:12	= 6-4.3	10:10	= 2-3.8	16:15	= 6-3.1
3:12	= 3-3.1	11:12	= 4-3.6	19:11	= 5-3.6
3:18	= 1-5.5	12:10	= 4-3.6	21:5	= 5-3.5
6:7	= 4-3.6	12:17	= 3-4.3		

索　引

ア
天野政千代　197
アレン William Allen　2
アンドリューズ Lancelot Andrewes　9, 10, 11

イ
イエズス会　2
市河三喜　i, 16, 18, 210
異綴　148
異本　18, 28, 35, 37, 113
意味素性　141

ウ
ウィクリフ John Wycliffe　1
ウェストミンスター　4, 9, 10, 12
迂言形　53
迂言的過去　49, 50, 51
迂言的使役動詞　128, 129, 130, 134, 136, 144

エ
エジンバラ Edinburgh　3
エリザベス1世　i, 3
エレゴルド A. Ellegård　16, 17, 19

オ
大塚高信　i, 16, 18, 210

奥　浩昭　i, 150, 169

カ
快音調　133, 142
カヴァデル Miles Coverdale　1, 2, 12
過去時制　22, 36, 44, 49, 50, 51, 60, 65, 88, 121, 147, 167, 168, 174, 200
過去時制標識　51
過去分詞　vii, 20, 21, 22, 37, 39, 40, 44, 53, 64, 65, 66, 71, 78, 86, 87, 88, 98, 101, 111, 112, 119, 120, 121, 131, 132, 136, 145, 146, 147, 152, 153, 169, 172, 173, 174, 177
カソーボン Isaac Casaubon　10
仮定法　21, 22, 27, 28, 36, 43, 44, 48, 49, 60, 62, 65, 67, 73, 87, 88, 89, 104, 105, 112, 117, 120, 121, 127, 128, 129, 144, 146, 147, 150, 156, 157, 166, 173, 174, 187, 188, 200
カトリック　1, 2, 5, 17
関係節　25, 70
間接目的語　vii, 29, 30, 178, 202
完全自動詞　94, 111, 114, 151, 170
間投詞　150

キ
希求法　49, 60, 65, 88, 89, 105, 112, 120, 128, 142, 173, 174, 188, 200

帰結節　28
擬似自動詞　94, 111, 115, 151, 170
擬似他動詞　58
疑問文　17, 23, 46, 60, 67, 68, 69, 83, 84, 90, 91, 92, 102, 111, 122, 123, 124, 142, 143, 148, 149, 165, 175, 176, 186, 187, 194, 199, 200
ギリシャ語　i, 1, 3, 10, 11, 12, 13, 15, 42, 49, 57, 61, 62, 74, 75, 76, 77, 78, 80, 81, 82, 83, 92, 95, 98, 99, 100, 102, 103, 112, 113, 127, 128, 129, 130, 134, 136, 140, 141, 142, 149, 151, 152, 153, 154, 155, 164, 165, 166, 178, 182, 187, 188, 194, 195, 202, 206

ク
屈折仮定法　73, 127, 156, 187, 200
グロティウス Hugo Grotius　11
クロムウェル Thomas Cromwell　1

ケ
ケルベロス Cerberus　5
現在時制　21, 36, 43, 65, 88, 104, 105, 120, 146, 166, 167, 174
現在分詞　20, 21, 22, 39, 40, 44, 64, 65, 66, 78, 86, 87, 88, 98, 99, 100, 111, 116, 119, 120, 121, 132, 145, 146, 147, 152, 153, 165, 169, 172, 173, 174

コ
肯定疑問文　17
肯定文　24, 92, 169, 176
肯定平叙文　17, 51, 102, 112, 116, 124, 127, 132, 142, 186

サ
最小対立語　189

シ
シェークスピア William Shakespearre　3
ジェームス James I, VI　i, 3, 4, 5, 6, 10, 11
使役動詞　17, 37, 73, 128, 129, 130, 134, 136, 142, 144, 168
自動詞　25, 41, 58, 59, 71, 93, 94, 95, 111, 114, 115, 131, 134, 140, 142, 151, 165, 170, 184, 185, 194
修辞疑問文　68, 91, 124
従属文　72
主語付命令文　83, 159
主動詞　21, 23, 24, 44, 46, 47, 62, 66, 67, 69, 89, 90, 93, 104, 105, 109, 121, 122, 124, 127, 131, 132, 141, 142, 147, 149, 150, 156, 159, 163, 175, 176, 187, 188
受動文　21, 37, 53, 56, 89, 120, 125, 131, 132, 135, 137, 142, 157, 159, 163, 169, 173, 177, 194, 201
受動分詞　78, 101
ジュネーブ　vii, 2, 6, 13
授与動詞　17, 178, 185, 200
助動詞　vii, 16, 17, 21, 37, 53, 67, 72, 73, 80, 114, 142, 146, 148, 150, 164, 168, 169, 170, 176, 186, 202, 210
心的与格　26, 35

ス

スウィフト Jonathan Swift　15
枢密院　1, 4, 6
スパークス Dr. Sparks　5
スペンサー Edmund Spenser　3, 10
スミス Miles Smith　13, 14

セ

絶対不定詞形　28
絶対分詞構文　156
前置詞付動詞　56, 151
前置詞付与格　26, 30
前提節　28
千人請願 The Millenary Petition　4

ソ

操作詞　71, 72, 89, 113, 186, 187

タ

対格　24, 25, 26, 35, 97, 154, 159, 181, 192, 194, 195, 197
ダン John Donne　15

チ

知覚動詞　17, 74, 132, 153, 199, 200
チャダトン Master Chaderton　5, 10
チューダー朝 The Tudors　3
直説法　ix, xiii, 21, 22, 28, 36, 42, 43, 44, 49, 62, 65, 87, 88, 104, 105, 120, 121, 128, 129, 136, 146, 147, 157, 173, 174, 187, 188, 195, 198
直接目的語　vii, ix, xiii, 30, 101, 102, 154, 165, 178, 181, 202

テ

定形　20, 21, 39, 40, 41, 43, 64, 65, 69, 75, 76, 77, 78, 82, 83, 86, 87, 88, 111, 119, 120, 136, 141, 145, 146, 165, 172, 173, 194
ティンデル William Tyndale　vii, 1, 2, 12, 16
寺沢（寺澤）芳雄　i, 16, 18, 210
転位　68, 125, 126, 133, 142, 149
転写　77, 152, 155

ト

ドイツ字体 black letter　15
動作主　53, 110, 112, 135, 139, 142, 156, 157, 163, 165, 177, 190, 194, 201
動詞連結　29, 54, 74, 106, 135, 157, 188
倒置　67, 90
動名詞　20, 21, 22, 39, 40, 44, 64, 65, 66, 78, 83, 86, 87, 89, 119, 120, 121, 141, 145, 146, 147, 169, 172, 173, 174
ドレーク Sir Francis Drake　3

ニ

二項動詞　183
ニュースタッブス Master Knewstubs　5, 10
人称代名詞　31, 67, 90, 138, 159, 161, 166

ハ

バーカー Robert Barker　14
パーカー Matthew Parker　2
パートリッジ A. C. Partridge　16

バカナン George Buchanan 3
バンクロフト Richard Bancroft 6, 11
ハンプトン・コート Humpton Court i, 4, 6, 11

ヒ

否定疑問文 17, 46, 68, 83, 91, 92, 102, 111, 123, 124, 142, 149, 165, 176, 187, 194, 199, 200
非定形 20, 21, 22, 39, 40, 41, 44, 64, 65, 82, 83, 86, 87, 88, 111, 119, 120, 121, 141, 145, 146, 147, 165, 172, 173, 174, 194
否定語 22, 23, 44, 45, 51, 67, 147, 148, 149, 174, 176
否定平叙文 17, 148
否定命令文 17, 47, 70, 83, 124, 199, 200
被伝達部分 99
ビルソン Thomas Bilson 13, 14

フ

付加詞 79
不定詞 vii, 20, 21, 22, 28, 39, 40, 44, 64, 68, 72, 77, 78, 85, 86, 87, 88, 98, 99, 100, 110, 116, 119, 120, 121, 128, 129, 130, 134, 136, 141, 142, 145, 146, 147, 153, 169, 172, 173, 174, 201
プリケット S. Prickett 16
ブロートン Hugh Broughton 15
分詞構文 120, 132, 155, 156, 173

ヘ

ベーコン Francis Bacon 3, 10
ヘブライズム 193, 195
ヘブル語 i, 1, 22, 26, 37, 42, 57, 58, 59, 61, 95, 99, 102, 110, 112, 177, 178, 179, 180, 181, 182, 186, 188, 192, 193, 194, 195, 202, 206

ホ

補文標識 150

マ

マーロウ Christopher Marlowe 3
マシュー Thomas Matthew 1, 2, 12

ミ

未来完了相 67
ミルトン John Milton 11

メ

命令文 24, 25, 47, 48, 60, 69, 70, 71, 84, 92, 93, 111, 120, 132, 142, 150, 164, 176, 177, 199, 200

モ

盛田義彦 iii, 16, 17, 19, 150, 170

ヤ

訳出方針 7

ヨ

与格 24, 26, 27, 30, 32, 35
与格動詞 26, 197

ラ

ライブリー Edward Lively　11

ル

ルター Martin Luther　1

レ

レナルズ Dr. Reynolds　5, 6

ロ

ローマン体　15
ローリー Sir Walter Raleigh　3
ロンドン London　i, 3, 4, 6, 10

英語及び英語で始まる項目

A
about to 付不定詞　77
Agent　53, 96, 135, 139, 142, 157, 177, 178, 201
archaic　16, 76
at a price　34, 38
at NP　34

B
bare 不定詞　37, 69, 73, 74, 76, 99, 120, 128, 129, 130, 131, 141, 142, 146, 152, 153, 168, 171, 173, 194
before 節　104, 112
Beowulf　110

D
dialectal　76, 110
Dieter Stein　186, 197
do 支持　23, 46, 47, 60, 66, 67, 68, 69, 83, 89, 90, 91, 92, 102, 103, 109, 111, 112, 113, 116, 123, 124, 125, 127, 141, 142, 148, 149, 163, 165, 175, 186, 194, 199, 200

E
euphony　82, 99, 101, 111, 123, 127, 131, 133, 150, 155
except　22, 23, 49, 60
except 節　49, 60

F
for bread　32
for price　32, 34
for siluer　32
for to 付不定詞　21, 74, 83, 87, 111, 112, 120, 131, 141, 146, 165, 168, 173, 194, 198, 199
for 付与格　24, 25
from Adv　35
from thence　26, 35

I
if 条件節　27, 28, 36, 187

if 節　48, 49, 60, 117, 156, 157, 200

L

lest 節　48, 60, 104, 112
let-imperative　25, 69, 84, 124, 159

N

needs　80, 81

O

of Com.N　34
of NP　34
of Pron　34
of Prop.N　35
operator　71, 186
operator *be*　71

P

partitive *of*　57, 61
Piel 形　99, 182
plain infinitive　153, 171
preterite tense marker　51

Q

Quirk　78, 85, 196, 210

R

redundant　76

S

separation of　57

T

that 節　48, 60, 62, 73, 110, 128, 134, 142, 187, 188, 200
to 付不定詞　21, 37, 73, 74, 76, 77, 83, 87, 99, 111, 120, 128, 129, 130, 131, 134, 136, 141, 142, 146, 152, 153, 165, 168, 171, 173, 182, 183, 194, 198, 199, 201

V

vntill 節　49, 60, 156

W

whether 節　49, 60
Wh 疑問文　67, 68, 84, 91, 122, 142, 143, 149, 175
with money　23, 26, 33, 38
with NP　33
without money　33, 34
without NP　33
with price　33, 34

著者略歴

盛田義彦　Yoshihiko MORITA
1941年東京都に生まれる。名古屋大学文学部文学科卒業。
シカゴ大学大学院、シカゴ・ルーテル神学大学、UCLA、
セント・マイケル大学大学院に留学。MA（文学修士）。
現在、愛知県立大学外国語学部・同大学大学院教授。
英語学・英語教育専攻。

〈著書〉『助動詞 Do ―起源・発達・機能―』（共著）（英潮社）、
　　　　Studies in Modern English（共著）（英潮社）、他。
〈翻訳〉『宗教改革の英雄　マーティン・ルター』（豊川堂）

欽定訳聖書の動詞研究
A Study of Verbs in the Authorized Version of the Bible

2007年3月18日　第1刷発行

著者＝盛田義彦 ©

発行＝株式会社 あるむ
　　　〒460-0012　名古屋市中区千代田3-1-12　第三記念橋ビル
　　　Tel. 052-332-0861　　Fax. 052-332-0862
　　　URL: http://www.arm-p.co.jp　E-mail: arm@a.email.ne.jp

印刷＝松西印刷　　製本＝渋谷文泉閣

ISBN978-4-901095-81-5　C1080